やってはいけない山歩き

野村 仁

青春新書
PLAYBOOKS

安心して“山歩き”を楽しむために

奥多摩（東京都）。ここでは道迷いで滑落死亡事故が起こりました。ロープを張ってある方向へまっすぐ行くのが誤ったルート、左へカーブするのが正しいルートです。何回か事故が起こったので、警察がロープと道しるべの板を設置しました。ロープがなければ、多くの人は直進してしまうでしょう。低山での道迷いが起こる典型的なポイントです。

道迷い①

これも奥多摩です。ここでも道迷い遭難が何回も起こったので、警察が通行止めロープとこの看板を設置しました。正しいルートはこの手前で直角に右折しています。間違える人が多かったので、これだけはっきりと道ができています。

船形山（宮城・山形県）にて。こわれて地面から抜けた指導標が、方角を合わせて置いてありました。動物が踏んだり、暴風雨で動くことは十分に考えられます。

道迷い②

上は船形山のブナ林の道、下は南蔵王（宮城県）のササヤブの道。東北の山は、道が薄いです。関東の山は掘れるくらいはっきり道がついていますが、地方の山は道が薄いことが多く、都会から来た登山者が迷うケースが増えています。

北アルプス五竜岳の登山道を上から撮影しました。稜線上の道の左側がすぐに滑落の危険のある崖になっていますが、実際に歩いていると崖が見えないため、何も危険な感じはしません。▶

危険な道①

奥多摩の登山道。狭いところは幅30センチほどです。右側は、滑落したら沢底まで止まれない急斜面で、過去に事故のあった場所です。足を一歩踏み外したり、置く場所を間違えたら滑落に直結します。こういう危険な場所が、都内にもあるのです。▼

丹沢の崩壊地につけられた道。両脇が急斜面のガレになっています。

危険な道②

恵那山（長野・岐阜県）の登山道。左側は大崩壊地です。雨や地震で崩壊が進行すると、道が付け替えられます。崖が見えればだれもが注意しますが、霧で視界のないときには要注意です。

同じ場所です。道の数十センチ脇まで崩壊地が迫っているのがわかります。

八ヶ岳（長野・山梨県）の岩場。下まで切れ落ちている危険箇所で、踏み外すと滑落事故になります。「キレット」といって、難所で有名な場所です。▼

危険な場所

八ヶ岳にあるハシゴ。距離が長い。寒い、疲れている、空腹、後ろから急かされるといったことが重なると危険が増すポイントです。

八ヶ岳のガレ。下には登山者がいます。落石を起こさないよう細心の注意を払って歩きます。

新宿から電車1本で行ける人気エリア・丹沢（神奈川県）にも、こんな急勾配の岩場があります（有名な場所でガイド文にもかならず書かれるので、ここでの事故は多くありませんが）。

押さえておきたい山の常識をプロが教えます

危険な天候と道

山の天気はあっという間に変わります。このような雷雲が見えたら、30分以内に雷雨になる恐れがあります。急いで避難しなくてはなりません。

大人気観光地・尾瀬（福島・新潟・群馬県）でも遭難が多発していて、決して安全ではありません。なかでも自然保護のために張りめぐらされた木道の上で転倒し、骨折する事故がとても多いです。雨に濡れているときはとくに危険です。

尾瀬ヶ原と鳩待峠を結ぶ峠道にて。斜面に設置された木道はさらに転倒・転落に注意が必要です。手に傘を持って歩く人も多いですが、片手がふさがるととっさにバランスをとりにくく、いっそう危険です。

はじめに

山歩きを楽しむ人が増えました。これから始めてみたい人もたくさんいることでしょう。

しかし、だれもが何となく不安を感じているのではないでしょうか？

それは、山の遭難がたいへん多いからだと思います。２０１５年の統計では、１年間に３０００人以上もの人が山で遭難しています。

あまり知られていないのは、遭難は高山や雪山などの難しい山で起こるだけでなく、高尾山や奥多摩のような低山、都市近郊の山でも多発しているという事実です。「遭難なんて自分にはまったく関係ない」と思っていた初心者ハイカーが、思いがけずかんたんに遭難してしまった‼ということが、実際に起こっています。

この本は、「登山・ハイキング入門」の本です。ただし、最初から遭難の話題をとりあげているのが特徴です。いま登山・ハイキングの世界でなぜ遭難が多いのか？　遭難するとはどういうことなのか？　そんなことを考えながら、遭難を防ぐための知恵とセットで、山歩きのいろいろな知識・技術を紹介していきたいと思います。

野村　仁

4章 「スマホやネットがあるから、まぁいいか」は危険すぎます

7章　「出かける前の準備」で10倍楽しくなります

8章　ビギナーでも歩ける！　魅力たっぷりの名山6ルート

イラスト　池田須賀子

1章 なぜ、高尾山や都会近くの低山で〝遭難〟が増えているのか？

山で遭難すると叩かれる？

山には、ミスを誘う落とし穴がたくさんあります。私たちが町で生活している時の常識が、山では通用しない場面がたくさんあるからです。

普通の「山を知らない」人が、気軽な気持ちで登山に行くと、ついその落とし穴にはまって失敗してしまうことがあるのです。笑って済ませられる程度のミスならいいですが、遭難ともなると大変です。でも、考えもしなかった遭難という事態に、思いのほか簡単に陥ってしまうのが、山という世界なのです。

遭難して救助された人たちが、マスコミの前に出ておわびをする場面を見たことがあるでしょう。神妙な面持ちで、「このたびは多くの皆さんにご迷惑をおかけしました。申し訳ございませんでした」……というようなことを述べています。

不運にも山で遭難してしまった人は、多かれ少なかれ、社会やマスコミなどから非難を受けることになります。しかも、交通事故や海難事故などと比べても、山岳遭難者への非難・攻撃の度合いは、明らかに強いものがあります。

さらに、同じ山の遭難でも、山菜採り、渓流釣り、写真撮影などで山に行って遭難したというケースよりも、登山者の遭難は特別に批判的に見られるようです。

昔から、山で遭難した人を捜索・救助することは、その地域の人々を巻き込む大きな出来事でした。遭難した人命を救うために、何十人、何百人という人が山捜《さが》しをすることになったのです。今では警察などに山岳救助隊が設けられ、手際よく対応できるケースも多くなりましたが、地方によってはまだ大人数で捜索を行うことがあります。

近代登山が始まって以来、山の遭難は地域の人々に大きな負担をかけてきました。その長い歴史があったために、「遭難＝悪」のイメージが定着し、遭難した登山者が社会やマスコミからお叱りを受けるという構図が続いているのだと思います。

私から見ると、イイカゲンな山歩きをしている人、そんなやり方だといつか遭難してしまうと、注意したくなる人はたくさんいます。それでも遭難しない限りは本人の自由です。何もとがめられることはないでしょう。しかし、遭難すると状況は全く変わります。遭難した人の行動、服装や用具、考え方、態度、あらゆる点が批判の対象となり、そのことごとくにお叱りを受けることになるのです。

遭難とはどういう状態のことか

現代の日本では、登山・ハイキングが一大ブームとなっています。

世界に誇ることのできる日本の自然美は、国土の6割以上を占めると言われる「山」を舞台に展開されています。自然の中を自分の体一つで旅する登山・ハイキングは、スピリチュアルな行為であると同時に、心身の健康を維持する点で、また自然へ及ぼすインパクトが小さい点でも、大変優れた遊びと言えます。

しかし、最大の問題点があります。遭難事故が多いことです。

登山人口が増加したことの裏返しでもありますが、現在、山の遭難は史上最も多い状況が続いています。後ほどあらためて説明しますが、**全国で1年間に発生する遭難事故は約2500件。約3000人が遭難し、そのうち298人が死亡、37人が行方不明になっています（2015年）。**

この本では、登山・ハイキングの楽しさやすばらしさを伝え、多くの人に山歩きを楽しんで欲しいと思っています。ただし、遭難事故を起こさないためにどうすればよいかという視点を持ちながら進めてゆくことにしました。山の中に隠れている危険性を、きちんと意識しながら歩ける登山者・ハイカーになりたいからです。

ここで、「遭難とは何か」ということを簡単に押さえておきましょう。

登山・ハイキングは、山や野原などを自分の足で歩きます。しかし、何らかの事情で歩けなくなり、そのままでは身動きできず危険だと判断したら、第三者に助けを求めて救助要請します。**普通、この救助要請したことをもって遭難発生**となります。

歩けなくなる、身動きできなくなる原因としては、**病気、ケガ、疲労（体調不良）、悪天候、増水、恐怖心など**、いくつも例があげられます。実際に大変多い例として、**「道がわからない」**というものもあります。

救助要請をする先は、警察（110番通報）または消防（119番通報）が一番よいのです。しかし、実際に多くの人は、遭難しているという危機意識が弱いのか、まず家族に相談の電話を入れたり、山岳会などの所属団体に連絡しています。

この場合は、連絡を受けた家族や団体から警察・消防に通報、または救助要請した時をもって、遭難発生となります。

1年で3千人以上が遭難

全国の山で1年間に約2500件の遭難事故が起こり、3000人以上が死亡または救助されています。**1日平均にして6・9件**という大変な多発状況です。

全国の山岳遭難統計は、警察庁でまとめており、毎年6月に発表されています。47都道府県の警察から報告されたデータを集計したものです。これを見ると、山岳遭難の基礎知識がわかるのです。その特徴を簡単に説明しましょう。

①遭難は20年間で激増

山の遭難は多いのが当たり前なのではありません。21年前の1995年には802件(遭難者数1022人)でした。現在の3分の1です。

遭難の激増が始まったのはこのころで、以後、現在まで急角度で増加を続けてきました。10年後の2005年には1・7倍の1382件(1684人)となり、20年後の2015年には、さらに1・8倍の2508件(3043人)になりました。

②高齢者の遭難が多い

なぜこんなに遭難が多いかは、登山者・ハイカーの年齢層が高いことと関係しています。現在、日本の登山人口の中で**最多の年齢層は60〜70代**です。そして、遭難する人もまた、この年齢層が最も多くなっています。

60〜70代に初心者の人は少なく、**何年、何十年の登山経験があるベテランが多い**のです。しかし、自分の体調、体力、技術のレベルと、登山中に起こってくるさまざまな条件とを読み誤った結果、遭難しているのです。

これに対して、**20〜40代では初心者や初級者のかたが遭難**しています。若くて体力があれば安心というわけではありません。

③死亡遭難事故は少ない

山の遭難というと、登山隊のメンバーが次々に倒れて死んでゆく、悲惨だけれどもドラマチックなシーンを連想するかたも多いでしょう。

でも、現代の遭難はそうではありません。2015年の遭難死者は298人で、遭難者全体の9・8%でした。死者と行方不明者を合わせた335人は「遭難して助からなかった人」となりますが、その比率は11%で、史上最低となりました。遭難しても、**89%の人**

は命を落とさずに救出されているのです。

④被害小さめ、〝軽い遭難〟が中心

一般には、山の遭難といえば、絶壁から落ちてゆく「転落」、アイスバーンを滑り落ちる「滑落」、巨大な雪崩《なだれ》にのみ込まれたり、風雪の中で体温を奪われて動けなくなり……といったイメージでしょう。ここでも、現代の遭難はだいぶ様変わりしています。

警察庁の統計では、おもな遭難の形態を5つ挙げていますが、そこに私の考えを合わせて4つに整理しなおすと、**「転・滑落《かつらく》」「転倒」「道迷い」「病気・疲労」**となります。「転・滑落」は転落と滑落を合わせた言葉です。

これが現代の遭難の4大要因で、合わせて9割近くを占めています。どの種類の遭難がどれくらい多いかは、グラフを見てイメージしてください。

残りの約1割は「その他」なのですが、ここには、悪天候、野生動物襲撃（クマなど）、落石、雪崩、落雷、鉄砲水など、山の危険として代表的なものが並んでいます。

そうです。**典型的な遭難パターンが脇役になってしまい、「転倒」「道迷い」「疲労」のような、いわば〝軽い遭難〟が中心になっているのが、現代の遭難状況の特徴なのです。**

【図1　年齢層別遭難者数（2015年：警察庁）】

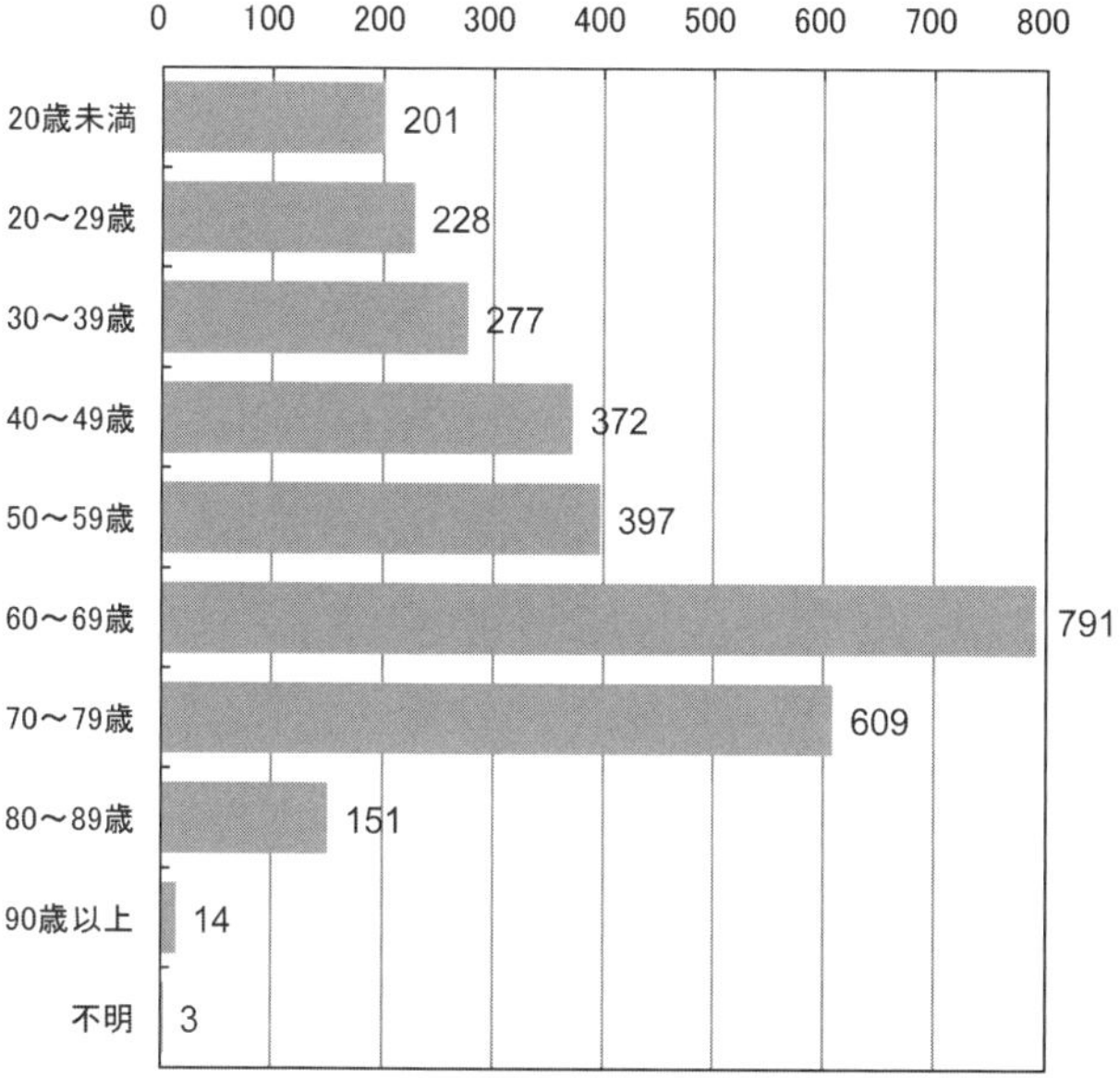

山で遭難しているのは、60～70代の人が最も多い

【図2　種類別遭難者数（2015年：警察庁）】

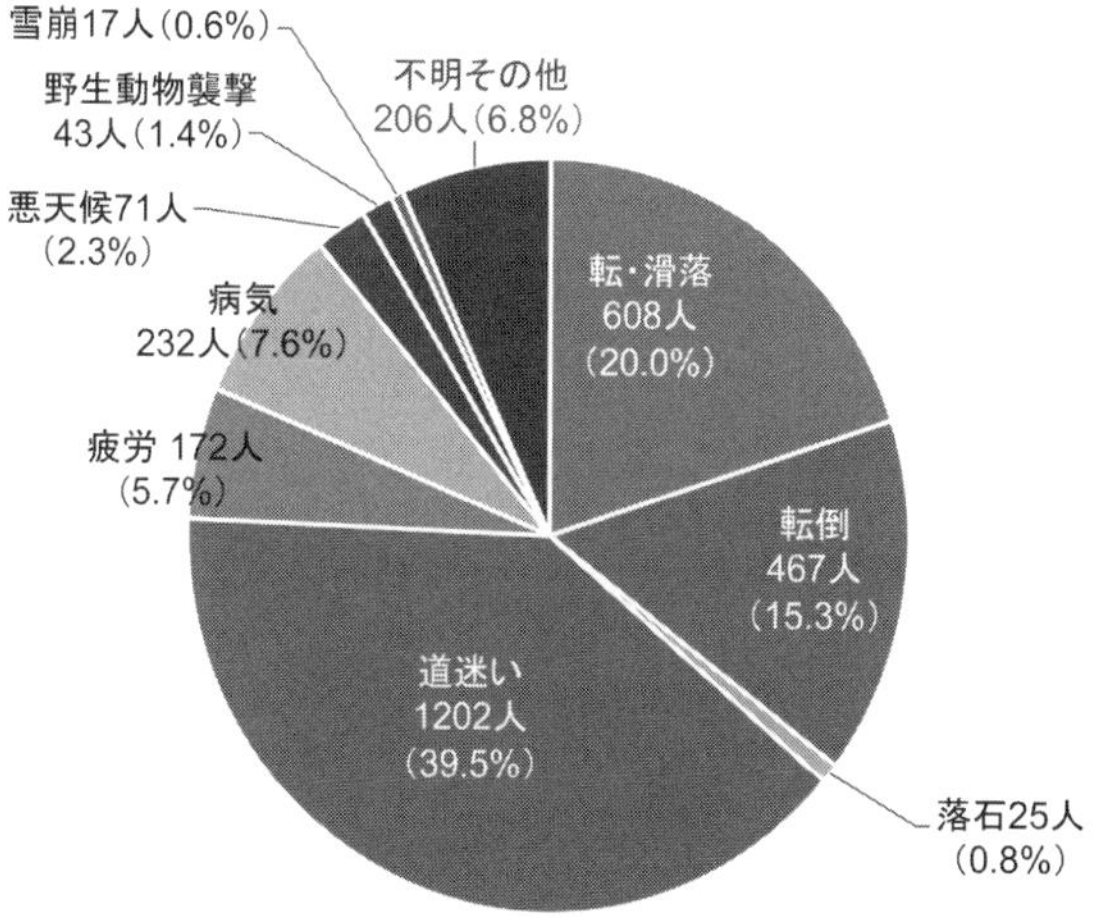

（注）「悪天候」は「落雷」「鉄砲水」を含む。

遭難の種類では「道迷い」が最も多く、次に「転・滑落」が多い

高尾山や富士山で増える〝軽い遭難〟

ここでは、**遭難事故のすべてが深刻で悲惨なものではない**という話をします。

山岳遭難が恐ろしく忌まわしいものと感じられるのは当然ですが、そこには、マスコミの報道や、遭難を描いた本などで伝えられるイメージが大きく影響しています。

マスコミの報道は、当然、大きな被害を生じた遭難のほう、つまり死亡事故や重傷事故を取り上げます。特に、複数の人が死亡したり、多数の人が同時に遭難する大量遭難、同時多発遭難になると、大々的に報じられます。

遭難ドキュメントを扱った本などは、さらに遭難の恐怖をあおるような表現をしていることがあります。そうすることで、遭難の本質に迫ろうとするのかもしれませんが。

このように、マスコミ報道や遭難本の影響が大きいと、遭難は悲惨で恐ろしいもの、「遭難＝悪」のイメージが、社会一般に強く伝わることになります。

しかし、実際の登山・ハイキングでは、もっと軽い理由で遭難している例が多いのです。

例を挙げると、**「疲れて歩けない」**というような理由での救助要請です。これが多発している山は、いま一番人気の高尾山（東京都）や、静岡県側の富士山です。

高尾山では、登山途中に気分が悪くなり動けなくなって救助要請する人がとても多いと、八王子消防署のウェブサイトに出ています。その数は、2014年の場合84件・68人（けが18人、急病39人、その他11人）でした。発生件数と救助人数との差である16人は、救助隊が現地へ行き、手当か何か処置をして、その場で解決したわけです。救急搬送された人も、「急病」の大部分は疲労の延長のような症状であろうと推測します。

高尾山でハイカーや観光客が救助を求めるのは、**救急車を呼ぶのに近い感覚**でしょう。それでも、消防署に設置されている山岳救助隊が出動して対応すると、1件の山岳遭難とカウントされるのです。発生件数よりも救助人数が少ないのは全国でもここだけでしょう。山岳遭難は発生件数よりも遭難者数が多くなるのが普通です。

高尾山で起こっている多くの事例は、**「疲れて歩けない」「足が痛くて歩けない」「子供がはぐれてしまった」**というようなトラブルで、救助隊に助けてもらったものです。これに似た例は全国のあちこちで起こって、遭難多発の数字を押し上げていると思います。

富士山の例は、またあとで紹介しましょう。

丹沢（神奈川）の低山で、あまりにも軽く起こる遭難の例

山の遭難は、**標高に関係なく低山でも**起こります。また、**登るのが難しい山や、岩場だらけの危険な山ばかりで起こるのでもありません。**「どうして、こんな所で……？」というような場所で起こった遭難事例は、どんな所に危険が隠れているかを教えてくれる、絶好の反面教師といえます。

神奈川県西部にある**丹沢《たんざわ》山地**は、首都圏の登山者・ハイカーに人気があり、四季を通じて歩かれています。そのなかで、最も登山者の多い山の一つに**塔ノ岳**（１４９１ｍ）があります。ここで起こった典型的な遭難事例を紹介しましょう。

ある年の10月31日、男性３人（70～71歳）は最寄り駅を9時ごろ出発し、隣にある**鍋割《なべわり》山**を回って塔ノ岳に登りました。鍋割山と塔ノ岳は展望のよい山で、特に富士山と海（相模灘～房総半島）の眺めにはだれもが感動するでしょう。鍋割山から塔ノ岳にかけては、東丹沢では貴重なブナの美林が見られます。

さて、男性たちは午後3時ごろに塔ノ岳山頂に到着しました。下山のコースは**大倉尾根**といい、登山口までまっすぐに下ります。あとは下るだけ、何の問題もないはずでした。

ところが約2時間30分後、**見晴《みはらし》茶屋**という山小屋のある所まで下って、彼らは歩けなくなりました。この時期の日没時刻は午後5時前ぐらいです。日没30分後、残照もほぼ尽きて暗くなったとき、だれも灯りにできる道具を持っていなかったのです。

彼らは携帯電話で家族に連絡しました。そこで話し合いをしたかどうかわかりませんが、結局、家族が**秦野《はだの》**警察署へ１１０番通報しました。午後8時、現地に山岳救助隊が到着して、いっしょに歩いて下山しました。

男性3人は**ケガもなく、歩けるにもかかわらず「遭難」**してしまったのでした。見晴茶屋は大倉尾根の下部、標高６２０ｍの場所にあります。登山口の大倉まで、通常なら30分ほどで下れる所まで来ていました。

大倉尾根はとても遭難の多い場所です。**尾根上の一本道で迷うような所はありません。途中にはいくつもの山小屋があって、多くの登山者が登り下りしています。そのような最も遭難の起こりそうにない場所にもかかわらず、遭難が多発しています。**

大倉尾根は現代の登山事情の縮図といえる場所だと思っています。

房総半島（千葉）の低山で起こった〝神隠し〟遭難

ささいなことから遭難になってしまうという、「軽い」遭難の例を紹介しました。今度は本格的な遭難の例をお話ししましょう。これは、現代登山史のうえでも有名な、中高年グループの遭難事件として知られているものです。

2003年11月26日の夜、**千葉・房総半島のハイキングコース**で30人のハイカーがこつぜんと姿を消して行方不明になりました。夜のTVニュースでは、「神隠しか？」と、速報で報じられ、たちまち大きな騒ぎになったのです。

しかし、山をよく知っている人なら、これは大きな遭難ではないと気づいていたでしょう。日の短い晩秋のこと、コースを間違えたか何かで時間をロスし、夜になってしまったのでしょう。少し時間がたてば無事に下山するだろうと、私も予想していました。

翌27日の朝、遭難者から連絡が入って、全員無事であることがわかりました。ところが、それで一件落着ではなかったのです。下山口の**清澄寺**《せいちょうじ》には対策本部が設置されて、警察・

麻綿原高原道迷い遭難（2003年）のコース図

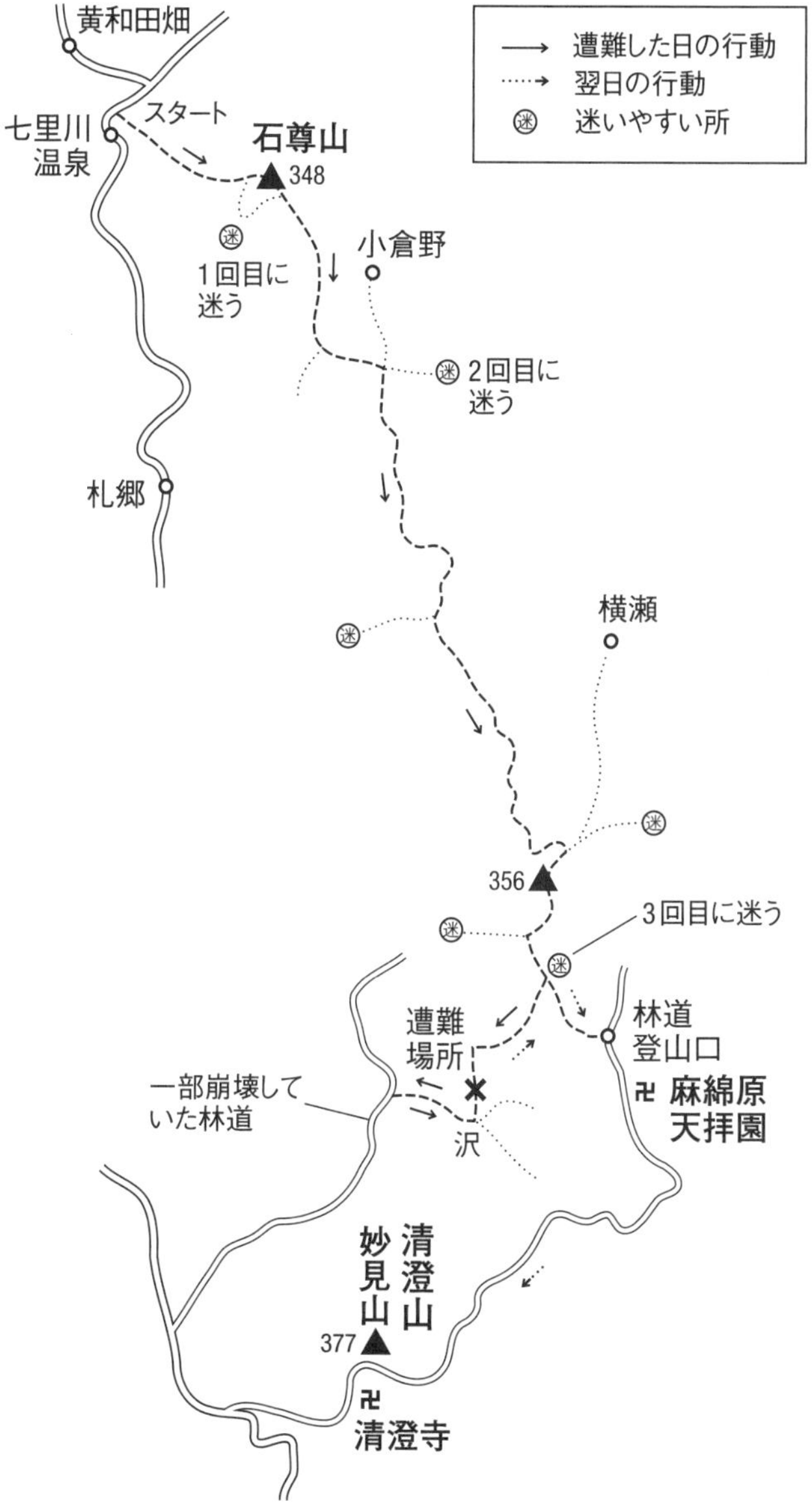

消防・機動隊など約300人が動き始めていました。下山してきた彼らに対し、待ち構えていた大勢の報道陣は、「なぜ連絡をしなかったのか」、「計画が不備だったのではないか」、「責任をどう考えているのか」と、次々に質問を浴びせました。

清澄寺の本部に着くと、100人ほど詰めかけた報道陣が記者会見を要求しました。そこでまた、道に迷った理由、引き返さなかった理由など、同じような質問に答えなくてはなりませんでした。遭難者となった皆さんは、さぞや疲れ果てたことでしょう。

◎複雑に入り組んだコースで迷う

彼らは、雑誌『新ハイキング』（新ハイキング社）が公募したツアーパーティで、男性15人（うちリーダー3人）、女性15人の計30人でした。

七里川温泉から入山して、まず**石尊山**（348m）に登り、あとは稜線伝いに南下して、アジサイの名所として有名な**麻綿原《まめんばら》高原**に抜ける計画でした。麻綿原高原から林道を1時間ほど歩いた清澄寺に、チャーターしたバスが待っている手はずでした。

ところが実際に歩いてみると、稜線上のルートは複雑に屈曲していて、とても迷いやすかったのです。彼らは途中で2回迷いかけては、ルートを探したり修正したりして、時間をロスしながらも麻綿原高原近くまで来ました。午後3時ごろ、たまたま携帯電話がつながって、バス運転手に「遅れるかもしれない」と連絡することができました。それを最後に、運転手から見ると、彼らは消息を絶ってしまいました。

電話連絡をした直後に、麻綿原高原へ出る分岐点を見逃して通り過ぎてしまい、彼らは決定的な道迷いに陥ったのです。ここから抜けるのは前2回よりもずっと困難でした。山道は沢に突き当たって沢沿いに行くようになり、1時間ほどで林道に出ましたが、方角が怪しく、清澄寺へ向かう確信は持てませんでした。リーダーは引き返す決断をし、先ほどの沢に突き当たった地点まで戻りました。その少し上の林の中に平坦地があって、そこで彼らは焚き火を囲んで夜を明かしました。

翌朝6時20分に出発し、20分ほど歩いて尾根の上に出ると携帯がつながって、バス運転手に連絡することができたわけです。

この遭難は、ルートがわからなくなって山中を迷った道迷い遭難です。しかし、正確な定義からいえば「遭難未遂」になります。1日遅れたものの、ルートを修正して下山口まで来ることができたのですから。それでも新聞などの論調は、「初級ルートにもかかわらず、安易な計画と、下調べ不十分のために遭難した」と厳しいものでした。

99%以上が「人災」

もう少し麻綿原高原の遭難について考えてみましょう。この遭難はどのようにして起こったのか、何が遭難の原因だったのかという点です。

ルートを間違えて道に迷っても、まだ遭難ではありません。自分たちで脱出できず、行動不可能になって助けを求めたときに、初めて遭難発生となります。もう一つは、入山したまま戻らずに消息不明となって、家族や職場、所属山岳会などの関係者が捜索依頼をした場合にも、その時点で遭難発生となります。

麻綿原高原の例では、登山グループが下山しなかったため、清澄寺で待っていたバス運転手はツアー主催団体の支部長へ連絡をとりました。そこで「人命が何より大事だから警察へ連絡するように」と指示されて、運転手は警察へ通報しました。

この通報がなかったら、延べ300人の大がかりな捜索救助態勢も、その夜のニュース速報とマスコミの大騒ぎもありませんでした。危険な夜間行動を自重して、半日遅れになりますが、彼らは無事に下山していたはずです。つまり、「遭難事故は人が起こす」ということを、少々皮肉な形ですが、この事例ははっきりと表しています。

同時に、この遭難は、いくつもの原因が複合して起こったことがわかります。

・道に迷った

・日没までに下山口に出られなかった

・バス運転手と連絡できなかった（携帯電話の通じる場所を知らなかった）

・下山が遅れて連絡がつかなかった場合の対応を、バス運転手と取り決めておかなかった

・下山が遅れて連絡がつかなかった場合の対応を、所属団体で取り決めておかなかった

特に、最後の二つについて「翌日12時までは待機する」というような取り決めがしてあれば、遭難騒ぎにはなりませんでした。

結果論から仮定をひきだして言っているのではありません。私が所属している山岳会では「遭難対策要綱」として対応方法を決めています。そこでは、「下山予定日の翌々日の5時」までに下山連絡がない場合、遭難発生を断定することにしています。

少々専門的になってしまいましたが、**遭難はほとんどの場合「人」が起こしている**こと、それゆえ、**私たちの努力や工夫によって防止できる**ことを言いたかったのです。

注意すれば防げる

遭難の例を少しだけ紹介しました。山岳遭難についてはたくさんの本が出ていますが、その多くは遭難のドキュメント（記録）です。それも、社会を震撼させた大きな遭難や、死亡または重傷となった深刻な事例を取り上げているのが普通です。

さらに、遭難の話には尾ヒレがつきやすいというか、より印象が強まるような描写や構成が加えられていることがあります。遭難記録を読んで読者は恐怖感を与えられ、遭難はよくないもの、悲惨で残酷なものだと考えるようになります。

しかし、**本に書かれるような遭難は、どちらかといえば一部の極端な事例**です。実際には、この章で挙げたような事例のほうが多いのです。そのことを知らないと、「遭難は難ルートでの話で、自分には関係ない」と勘違いしてしまいます。

「疲れて体調最悪。もう歩けない」（高尾山の例）

「だれもライトを持ってない。暗くて歩けない」（丹沢の例）

「道を間違えた。戻ろうとしたけれど時間切れ」（麻綿原高原の例）

このような「軽い遭難」は、遭難ドキュメント本になることはなく、新聞やテレビで報道されることもありません（麻綿原高原は例外でしたが……）。でも、この種の遭難が非常に多いからこそ、**年間2500件以上**という多発状況になっているのです。

リスクマネジメントの理論で、1件の重大事故の陰に29件の軽傷事故が発生しており、299件の事故寸前（インシデント）が発生している、というものがあります。インシデントというのは、事故に至る危険性のあるエラーが起こったことをさします。いわゆる**「ヒヤリ・ハット」**と呼ばれているものです。インシデントを少なくすることは、軽傷事故を減らし、ひいては重大事故も減らすことにつながるわけです。

「軽い遭難」の事例はインシデントに近いものです。高尾山では町とはちがう山用の歩き方をすれば、疲れて歩けないこともなくなるでしょう。丹沢ではライトを持っていればよかったのですが、夜道を歩く危険性にも注意する必要があります。

これから山登りを始めようという人が遭難について知ることは、かならず役に立ちます。遭難事例には、「やってはいけない山歩き」の見本がたくさん出ていますから、それを見て何がいけないか考えれば、多くのことを学ぶことができるでしょう。

2章

危なっかしいのは…こういう人です

登り始めが遅すぎる人

1章の丹沢の例でも紹介しましたが、「日が暮れて、暗くて歩けなくなった」という遭難が多発しています。そんなことが起こってしまう原因の一つとして、そもそも登り始めの時刻が遅すぎたということが大変多いのです。

先の丹沢の例は「最寄駅を9時に出発した」とありました。結論からいうと、この時刻では遅いのですが、「どうしようもなく遅すぎる」というほどでもありません。現実的には、この程度の時刻に出発するのは普通になっています。

東京都や神奈川県に自宅がある人なら、6時〜7時に自宅を出ればこの時刻になるでしょう。バスで登山口へ移動するのに20分かかり、登山開始は9時30分ぐらいです。

でも、**理想的な登山開始時刻は朝7時以前**です。そのためには自宅を遅くとも4時〜5時に出る必要がありますが、それくらいが、本当にリスクの少ない出発時刻です。

現在、都市近郊の山では9時に登り始めるのは普通で、10時出発という人も少なくありません。それでも登れますし、何事もなく帰ってこられることが多いでしょう。しかし、**9時〜10時の出発ではリスクが高いという意識をもつ必要**があります。

日帰りで登山・ハイキングをする場合、午前中は登り、頂上付近でお昼にして、午後に下ることになります。そのなかで、遭難事故が起こりやすい**危険な時間帯は、午後〜夕方の下りに集中**しています。**転落・滑落や転倒事故が起こるのは下りのときですし、ルートミスをするのも、ほとんどが下り**のときです。

下りのときは、それまでの疲労がたまっていますし、集中力・注意力を維持するのがしだいに難しくなってきています。ですから、下りでは時間的なゆとりをもちながら、ゆっくりと慎重に行動したいものです。日没が迫った山道を、時間に追われながら走るように下るなどというのは、できるだけ避けたいやり方です。

また、暗くなっても何とかなる、ライトがあれば歩けるという考え方も危険です。暗い山道をライトで歩くのは、転倒、滑落、道迷いの危険が何倍にも高くなります。とりわけ初級者のかたには決してすすめられません。

安全に帰ってくるためには、**日没の2時間前に下山**できるように計画を立てます。

そのように、あらかじめ「計画を立てる」ということが、登山では重要なのです。

「計画」を立てずに、自由に登る人

登山で大変人気の高いエリアの一つに、**北アルプス（飛騨山脈）**があります。

北アルプスを得意分野としているアウトドアライターが、ある雑誌に書いていたのを読んで仰天したことがありました。「僕は北アルプスへ行くときは、計画など立てません。行きたい所だらけだし、そのときの気分で行き先を決めるから」と、書いていたのです。「きっちりと計画を立てて、そのとおりに山を歩くのはカッコ悪い」というような意味のことも書いていたと思います。

有名で人気のあるライターだったので、私は困ってしまいました。登山を始める皆さんがこういう考え方を信奉して、まねをするとよくないと思ったからです。

あらかじめ「計画」を立ててする登山と、心のままにフラッと行く登山と、どこがちがうのでしょうか？　その一番のポイントは安全対策面にあります。

登山計画というのは、次のことを決めることです。

①どの山へ、どのルートから登るか
②一日の行程、主要地点の通過予定時刻
③いっしょに行くメンバー
④持参する装備・食料内容
⑤不測の事態（悪天候、体調不良など）が生じたとき、ルート変更をどうするか

目的の山とルートを決めるためには、現地のさまざまな情報を調べます。それには、岩場、ガレ（崩壊地）、雪渓などの危険箇所はどこか、ルート上の分岐点・合流点はどこかなど、安全に直結する内容がたくさん入っています。

一日の行程を検討すること、メンバーの力量をチェックすること、装備・食料内容をリストアップして忘れないように準備すること、すべて安全対策のために必要です。

無計画で山に行くことは、これらの安全対策に意識を向けないことを意味しています。「自由でカッコいい」とは別物、むしろ、山のリスクへの無感覚を示すように私には思えます。**このような振る舞いをする「ベテラン登山者」は要注意です。**

登山でもハイキングでも、しっかりと「計画」を立ててから実行してください。計画通りに行かなかった場合まで想定して、それもカバーできる計画を立てるのです。

ネット情報だけで出かける人

一人で山登りを始め、1年目に遭難経験をしたという男性（Aさんとしておきます）に、お話を聞いたことがあります。登山の情報源は、ほぼ100％インターネットということでした。なかでも、登山者が参加しているSNSの記録をよく見ると言っていました。ガイドブックも資料として持っているそうですが、インターネットの記録のほうが、新しさの面から登山情報としては信頼できると、Aさんは感じていたのでしょう。

Aさんのような人は、とても多いような気がします。

お断りしておきますが、Aさん自身を否定する気持ちはありません。現代の情勢ではしかたがないとも思います。印刷物になったガイド文と、インターネットの記録とでは、情報の鮮度の面で圧倒的な差があるのは確かです。

しかし、ネットの情報は個人的な記録として書かれたものが大半です。私自身、ブログやSNSにはわりあい気軽に書きます（ひんぱんに書くほうではありません）が、見た人にどういうふうに伝わるか、十分に検討して書いているのではありません。

それに対し、登山雑誌に書くことは全くレベルがちがう作業です。読者に伝えるべき内容を徹底的に吟味して書き、筆者はもちろん、編集担当者、校閲担当者と、何人かのチェックが入ったうえ、何度も修正を入れた文章がのることになります。

その結果、登山雑誌や書籍では、ある程度までは読んでそのまま信用してよい文章がのっています。**ネットの文章は書いた人以外未チェックなので、見た人が精度を判断しなくてはなりません。**そのまま信用するのは危険なものもあるはずです。

昔なら、最も信頼できる情報源は、ベテランの先輩から直接話を聞くことでした。会話のやりとりのなかで不明点も聞けますし、アドバイス的なことも言ってもらえました。登山雑誌や書籍の情報は、それに準ずるものだと思います。

インターネットの記録はバラバラな内容になりがちです。たとえばルート中に岩場の危険箇所があったとしても、上級者は簡単に通過できるので、何も書かないかもしれません。初級者なら「あれっ、サクッと登れた」とか、「予想していたより簡単」とか、逆に「死にそうに怖かった！」などと書くかもしれません。

ネット情報オンリーは怖いです。登山雑誌や山の本も読むようおすすめします。

「地図を持っていない」だけで十分に危険

登山をするのに、地図は絶対に必要なものです。ところが、地図を持たないで登山・ハイキングをしている人が意外に多いようなのです。

ハイキング（軽登山）なら、環境によっては地図が不要なこともあるでしょう。どんな場合なら地図が不要かを一口に説明するのは難しいです。たとえば、整備された遊歩道のように、地図を見なくてもコースがわかるなら地図は不要といえます。

町で生活しているときには、どんな場面で地図を見るでしょうか。目的地への道順を知りたいときに、道端に立てられた掲示地図か、スマホの地図を見たりするでしょう。地図がなければ、近くにいる人にたずねることになります。

登山でも同じですが、掲示地図はまずありません。ほかの登山者はいないかもしれませんし、たずねることができたとしても、それが正しいという保証はありません。

地図を見ないで山を歩いていると、かんたんに道に迷います。正式な地図はないけれどもスマホに地図が入っているとか、パンフレットの地図やコース図を持って登山している人もいます。何もないよりはマシですが、やはり道迷いになる危険性が大きいです。

地図とコンパス（方位磁石）は、あらかじめ計画していたルートを正しくたどって歩くために必要な用具なのです。というより、登山の「計画」を作っている段階で、地図上でルートをたどって確認しないと、少なからずアウトに近いと思います。

インターネットを見ただけで計画を決めるのは不十分です。大判の地図を広げて、実際に歩くルートをたどるシミュレーションをしましょう。そうすると、特別な危険箇所や、急坂の登り下り、山道の分岐する状況、目印となる山頂、建物、構築物などのイメージが記憶に刻み込まれます。登山・ハイキング用の登山地図なら、いろいろな注意点まで地図中に書き込まれているので、とてもわかりやすいです。

少し登山経験を積んでくると、**国土地理院の2万5000分の1地形図**を使っている人も多いです。この地図は使いこなすのに技術がいります。多くの人は、地図読みの講習会に参加するか、地図の本を読んで、地図の使い方を学んでいます。

各種の地図読み講習会が盛んなのは、道迷い遭難の怖さが知られるようになったからです。道迷い遭難については、あとでまた説明しましょう。

素性のわからない相手と登る人

山に行くと気分が明るく開放的になります。すれちがう人に「こんにちは」と声をかけ、休憩しているときに、近くにいた人と会話がはずむこともあります。そのままお近づきになってしまい、しばらくいっしょに歩くこともあるでしょう。

特に女性が一人で歩いていると、よく話しかけられると聞いたことがあります。しかし、ここではそういう話題がテーマではありません。

登山上の常識からいうと、**出会ったばかりの人といっしょに登山をするのは、あまりすすめられる行為ではありません。**そのことが危険を招く例もあるからです。

先に登場したAさんが遭難した原因の一つはそれでした。

Aさんは登山口で会って顔を知っていたオジサンと、下山の山道で再び出会います。少し話をして登山のベテランであることがわかると、彼をすっかり信頼してしまいました。そして、彼の後をついて行って道に迷い、遭難してしまうのです。

オジサンが、「この周辺の山をほとんど踏破したんだ」と言っても、それが本当かどうかわかりませんし、外見を見ただけで実力を判断することもできません。遭難の危険がある山で、オジサンをすっかり信用して後をついて歩くのは軽率でした。また、オジサンのほうでも、初心者のAさんを保護しながら登るだけの責任はもてなかったはずです。

このへんの事情は、登山初心者のかたや、一般社会人のかたには理解しにくい部分かもしれません。自然の中で気持ちよく遊んでいるのだから、同じく楽しんでいる人を疑うのではなく、もっと好意的に接することはできないか、とも思うでしょう。

登山やハイキングは、自然遊びの一つですが、油断すると遭難してしまうという危険性を常にもっています。だから、グループで歩くときには、各個人が好きなように歩くのではなく、一番経験の少ない初心者や、体力的に劣る人（女性、子供、高齢者など）でもついていけるように歩き方を調整するのです。このような集団のコントロールは、「よくわからない人」同士が集まったグループではできません。

山で意気投合した人ばかりでなく、**ネットやSNSで仲間を集めて登山をすることも行われています。きちんと安全対策をとっているか、全体の安全を考えて行動できるグループなのか、よくチェックしたうえで参加するようにしてください。**

「遭難なんてしない」と思っている人

登山・ハイキングをしている多くの人は、「自分だけは遭難しない」と思っているでしょう。私自身も胸に手を当てて考えてみると、心の底では「自分だけは遭難しない」と思っているような気もします。本当に遭難するかもしれないと思ったら、怖くて登山・ハイキングができなくなるかもしれません。

しかし、山の遭難について見たり、聞いたり、考えたりしてきた立場から言いますと、遭難は多くの人が想像しているよりも簡単に起こります。そして、遭難の危険性は、年齢、性別、経験（初心者かベテランか）を問わず、だれにでも平等にあります。

初めて遭難者になった人が、異口同音に言う言葉があります。

「こんなに簡単に遭難するとは思っていなかった……」

本当に、遭難するときは簡単にそうなってしまいます。**一歩足を踏み外すと滑落**しますし、**分岐点を一つ見落としただけでルートミス（道迷い）**になります。１章で紹介した丹沢の事例は、下山口までわずか30分の場所で、暗くて歩けなくなったのでした。

遭難の多くは「小さなミス」から起こっています。遭難を防ぐためには、さまざまな形で起こるかもしれないミスを防がなくてはなりませんが、「自分だけは遭難しない」と信じている状態では、山の危険に対して身構えることはできにくいでしょう。

登山を始めたばかりの人が「自分は遭難しないだろう」と思うのは、仕方がないかもしれません。しかし、初心者ではなく何年もの登山経験がある人が、「自分は遭難するような危険な山には行かない、だから遭難しない」と考えています。

登山・ハイキングの経験が長いベテランは、山のいろいろな危険に遭遇した経験を通じて、山がいかに危険なものか知っているはずです。ところが、**ベテランでも遭難した経験がないと、多くの人は「自分だけは遭難しない」と思っています。**

登山者・ハイカーにとって、遭難は「パンドラの箱」を開けることかもしれません。不幸にして遭難を一度経験すると、もう「自分だけは遭難しない」とは言えなくなります。

現在、全国で山の遭難が多いのは、いかに多くの登山者・ハイカーが、山の危険に対して無防備な状態で山に向かっているかの表れだと思います。その根本にあるものが、「自分だけは遭難しない」という、リスク意識の弱さなのです。

遭難しかけているのに認めない人

遭難しかけていてヤバい状態なのに、グループのリーダーがそれを認めずに行動を続けようとすることがあります。「もう少しで（安全地帯に）抜けられるから、がんばってくれ」というわけです。

登山グループの行動を決めるのは基本的にリーダーです。よほど無理なことでないかぎり、ほかのメンバーが異議を唱えることはないのです。

これで悲劇になった有名な例が、2009年の**トムラウシ山（北海道）大量遭難**でした。ツアー登山の一行18人（うちガイド3人）は悪天候の中を進みますが、トムラウシ山直下の北沼からメンバーが次々に倒れ、リーダー含む8人死亡、5人救助、5人自力下山という最悪の結果になりました。リーダーは悪天候を承知で出発する決断をしましたが、ほとんどのメンバーが耐えられずに**低体温症**になりました。異変を察知して早急に避難しなくてはならなかったのに、それを指示するリーダーも、早くから低体温症になっていたと推測されています。このような「判断の遅れ」が招いた遭難事例はたくさんあります。

富士山では地域などのグループで登っている例があります。ある母親は子連れで参加したものの、子供が登るのをいやがって泣き叫び、困っていました。そのうちぐったりして静かになりましたが、顔色が悪く、目もうつろになっていました。パトロール中の救助隊員が話を聞いて診断すると、その子は重い**高山病**になっていました。母親はグループに迷惑になると思って、子供を叱りつけて無理に登らせていたのです。

この場合は、危険を認めないというよりも、高山病を理解していなかった例です。母親はもちろん、10人ほどのグループのリーダーも、**富士登山では高山病の危険がある**ことを知りませんでした。**子供は酸素摂取能力が低いため、特に高山病になりやすい**のです。

自分で登山・ハイキングをしているときは、行動を自分で決められます。初心者だったら、悪条件のときは無理をせず、撤退か中止にすればいいでしょう。

かえって難しいのが、リーダーがいるときです。悪天候などで条件が悪いときに、多少無理をしても登らせてくれる人と、安全第一で早々と撤退を決める人と、どちらがよいリーダーでしょうか。どちらともいえず、結局はリーダーとメンバー間の信頼関係ということになります。ともあれ、遭難だけは避けてほしいものです。

一見冷静だが、安全かキケンかわからない人

引き続き、リーダーとして安全か危険かという資質の話です。

リーダーは危急のときでも冷静に判断を下せる人でないと困ります。悪天候などで厳しい状況のとき、自分の身の回りだけで精いっぱいというのでは頼りになりません。

しかし、**一見どんなときも冷静で大ベテランのように見えるのに、実は遭難対策などほとんど考えていない人もいます。**そういう人がリーダーだったら、グループ全体での遭難対策は期待できません。何があっても「自己責任」ということになります。

登山は一人でなくグループで登ったほうが安全です。ただ、グループの場合は必ずリーダー役の人材が必要になり、普通は登山経験の長い人がリーダーになります。リーダー役の人がいなくてバラバラの個人が集まっているだけのグループは、まとまった行動がとれませんから、それはそれで問題です。

リーダーの判断は登山の安全に大きく影響します。一人なら登山中の行動の仕方を自分

で決められますが、グループの場合はリーダーが決め、メンバーはそれに従うことが多くなります。難しいのは、リーダーの判断に疑問がつくときです。

リーダーは登山経験が長く、知識や技術の面でも優れた人ですから、通常はリーダーの判断に従っていれば安心なはずです。しかし、そうだからこそ、リーダーが安全優先で考えてくれない人だったら、そのグループは危険にさらされることになります。

トムラウシ山遭難のとき、出発する朝、リーダーの山岳ガイドは「今日の私の務めは、皆さんを安全に下まで送り届けることです」と言ったそうです。悪天候の中を出発しますが、全力をあげて安全に努めるという意思を表明したものと受け取れます。そのガイドは人間的にも好かれる、人望の厚い人だったようです。

ツアー参加者の15人は、山岳ガイドにくらべれば全員初級者です。ガイド3人が協議して「悪天候でも出発する」と決めて、一人の参加者からも反対意見は出なかったそうです。ツアー会社の安全対策を信じ、リーダーの判断を信用し、全員が強風雨の中をがんばって歩いて、あの悲劇になりました。

最後に自分自身を守れるのは、自分しかありません。**リーダーを簡単に信用するのではなく、その考え方や姿勢をしっかり見きわめなくてはいけません。**

経験やテクニックを自慢するベテラン

山でたまたま出会った人や、各種の講習会で同席したり、山岳会の集まりを見学するなどの機会に、初心者のかたが山の先輩・ベテランに接触することがあります。

山の先輩・ベテランといえば自慢話がつきものですが、その話には尾ヒレがつくことも多く、そのままには受け取らないほうが無難です。威勢のよい話とは、どこそこの難ルートを登った、台風が来ているときに登った、強風でテントがつぶされそうだった、テントの中が洪水になった、などのたぐいです。難ルートであれ、悪天候であれ、そのような場面を乗り越えてきた経験や技術を自慢したいわけです。

ただ、聞いているほうとしては、あまりおもしろくありません。

初心者に難ルートの話をしてもあまり意味がないように思いますし、ひどい悪天候の中を登らされたら危険このうえありません。そんな自慢話よりも、基本中の基本である、山道の歩き方や、ペースのとり方、ザックの調節の仕方、荷物のつめ込み方（「パッキング」

といいます）など、伝授してくれたらいいのですが。

　山歩きには技術、コツというものがあります。技術がある人とそうでない人とで、登山をしているときの疲労やストレスの度合いが変わります。歩く時間が長時間になるほどその差は大きくなり、その結果、遭難のリスクにも関係してくることになります。

　よく例になる話ですが、**マッチョな若者と、細身で弱々しく見える初老の人が山を歩きます。若者は勢いよく歩いていきますが、数十分もすると元気がなくなり、やがてへばって歩けなくなります。それに対して、初老の人はゆっくりとしたペースで、何時間でも歩き続けられるのです。山を歩く技術が身についているからです。**

　ベテランのよさとは、そういう面ではないでしょうか。歩くこと自体ができない人はいないでしょう。しかし、何時間歩いても疲れないような省力化した歩き方は、山を歩く経験を重ねるなかで洗練されてゆくものだと思います。

　初心者が山のベテランに期待しているものは、技術を教えてもらえるということが一番ではないでしょうか。自分が楽しい自慢話をするばかりではなく、**相手が興味をもっていることを感じ取って、話題にしてあげたほうが喜ばれるのは確実**です。また、初心者のかたは、そういう話をしてくれる人とつき合ったほうがお得です。

初心者を難しいルートに連れて行こうとする人

このタイプのベテランは、本当に多いような気がします。

北アルプスの穂高《ほたか》連峰は、全山が岩山で難ルートの集合体のような山ですが、絶大な人気を誇っています。穂高連峰に登ることを目標にしている人がたくさんいます。

登山を始めてまだ1年にならない女性が、山岳会に入会しました。穂高連峰の入門ルートである**西穂高岳**に登り、北アルプスの魅力にはまったそうです。穂高連峰のような岩山に登れる技術を身につけたいために入会したのでしょう。ほどなく会のBさんから、**鹿島《かしま》槍《やり》ヶ岳～五竜《ごりゅう》岳の縦走ルート**に行かないかと誘いが出ました。このルートは穂高連峰ほどではないですが、北アルプスの難ルートの一つに数えられています。

誘ったBさんは、当時入会3年目でしたが、その前は別の山岳会に入っていました。私はBさんのことをよく知らず、どの程度の登山経験があるのかわかりません。しかし、初心者の女性を北アルプスの難ルートに連れていくのは普通ではありません。場合によってはロープを使用して安全確保をする操作が必要になります。

私は気が進みませんでしたが、女性が岩登り技術を習得してから行ってほしいと言いました。さいわい、女性のほうから、すぐに参加をキャンセルしてくれました。

こんなことが起こるのは、Bさんの考え方に理由があるからです。Bさんは鹿島槍ヶ岳〜五竜岳のルートを、初心者でも行ける簡単なルートだと考えているのです。

以後も、初心者・初級者を難ルートへ誘うことを、Bさんはたびたびくり返しました。私はどうしても認められない場合だけ言うようにしました。Bさんは自分の考えでそうしていますから、私が何を言っても考えが変わることはないでしょう。

私も30代のときは、Bさんのように、北アルプスの難ルートでもそれほど難しいとは思わず、山岳会の仲間と行っていました。入会したての初心者でも、周囲でサポートしながら登らせていました。登らせてもらった人は喜び、会に定着して重要メンバーとなっていきます。そのようにして、会の活動は盛り上がっていきました。

しかし、私自身は初心者を安易に連れていくことはやめました。トレーニングと経験を積み、そのルートを登れる十分な実力をつけてから参加してもらうことにしたのです。

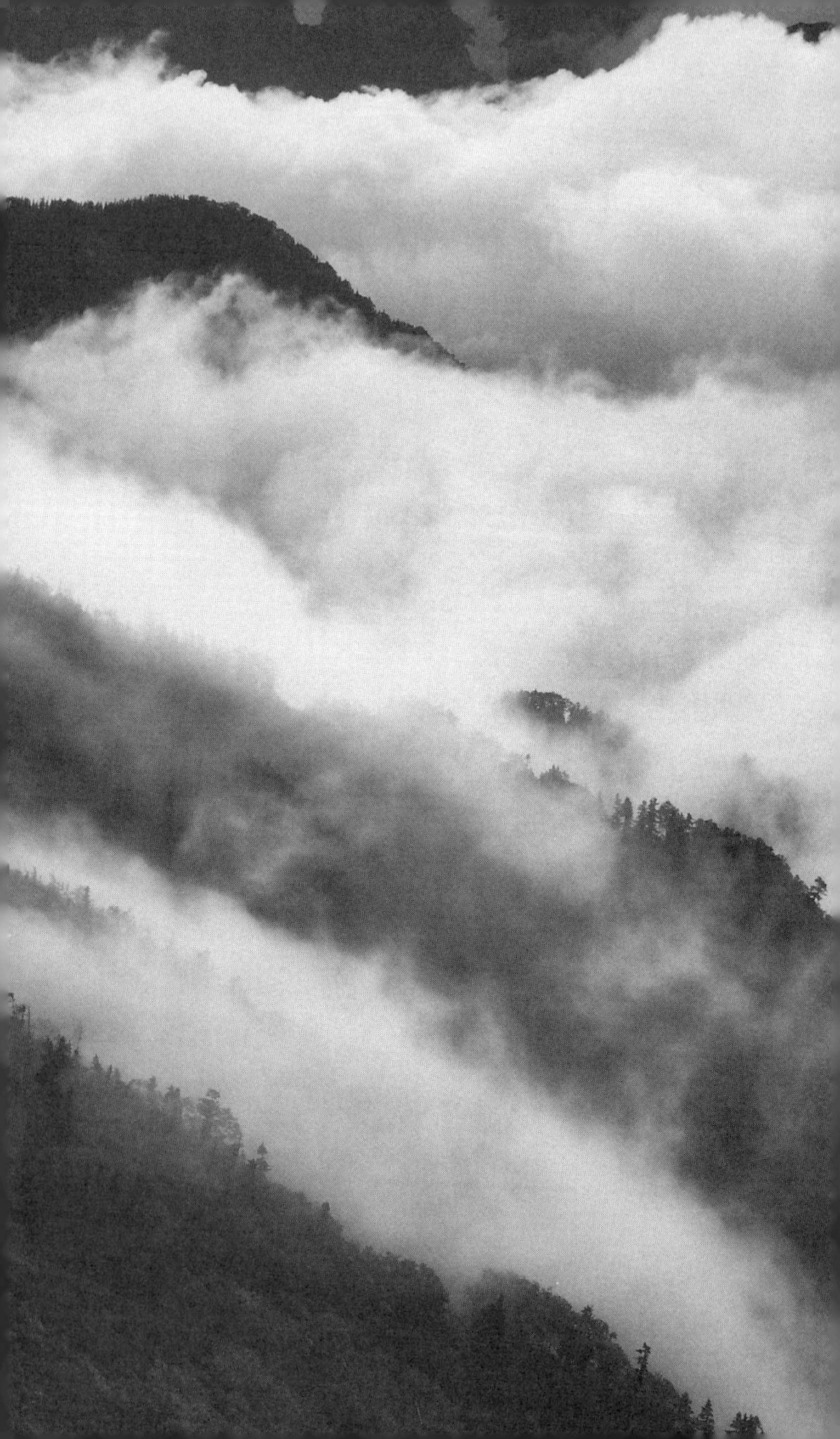

3章

本格登山でなくても〝山は山〟です

遭難の起こり方をみると山の危険がわかる

遭難の種類を見ていくと、山にどんな危険が潜んでいるかがわかります。

1章でもふれましたが、山岳遭難の種類で多いものは、転・滑落、転倒、道迷い、疲労・病気の四つです。この合計で9割近くを占めています。

転落は、垂直かそれ以上に覆いかぶさった場所から、真下に落ちる状況です。ハシゴ、階段、吊り橋、桟道《さんどう》などから落ちるものは、典型的な「転落」です。

滑落は、垂直まではいかない急な傾斜の場所を、転がったり、滑ったり、体の一部がぶつかったりしながら落ちていく状況です。ただし、転落と滑落は、それほど厳密に使い分けられているとはいえません。

転落と滑落は、場所との関連が強い遭難形態といえます。つまり、登山ルートのなかで具体的にここが「転・滑落しやすい危険箇所」と指摘されます。たとえば、**岩場、クサリ、ハシゴ、ガレ場、崩壊地、急斜面、草付《くさつき》、雪渓、桟道、吊り橋**など——これらはすべて、転・

滑落の危険がある注意箇所です。

逆に、転倒、道迷い、疲労、病気は、場所に関係なく起こる遭難形態です。

転倒は、転んでその場で止まり、転落も滑落もしない状態です。転倒事故が起こっているのは、特別に危険箇所とはいえない一般登山道、木道、平坦な場所などです。

道迷いは、正しいルートから外れて現在位置がわからなくなることですが、それだけで遭難というわけではありません。自分で正しいルートに戻るのを断念して救助要請をすれば、初めて遭難発生となります。迷いやすいルートは確かにありますが、**それほど迷いやすくない普通のルートでミスをして迷うほうが多い**のです。

疲労・病気はいろいろな状況があります。「疲労」としては、**脱水、熱中症、脚のけいれん**など、「病気」としては、**高山病、低体温症、心臓病、脳卒中**など、軽いものから重篤なものまであります。登山・ハイキングは、平地での生活に比べて体に大きな負担がかかりますから、これらの症状となって現れやすいといえます。

そのほかに、発生数が比較的少ない遭難の種類として、落石、雪崩、落雷、悪天候、有毒ガス、鉄砲水（増水）、野生動物襲撃、下山遅れ、などがあります。

では、個々の遭難と山の危険との関係について、紹介していきましょう。

岩場は転・滑落のもっとも危険な場所

転落・滑落は、登山で起こる代表的な遭難事故です。

転・滑落を警戒しなくてはならない場所、それは何よりまず**岩場**です。普通の山道は、大部分が土の上を歩きます。踏み固められた土の道が途切れる場所は、岩盤が露出していたり、大小の岩礫《がんれき》、砂礫が積み重なっていたりします。そこが平坦な場所なら問題は少ないですが、たいていは**傾斜のある場所**がそうなっています。

岩盤が露出している場所は岩場、大小の岩や石がゴロゴロ転がっている場所は**ガレ**（ガレ場ともいいます）、小さめの石や砂が表面をおおっている場所は**ザレ**といいます。

岩場、ガレ、ザレは、どれも通過するのに注意が必要な場所です。

なかでも**岩場は、ルート中で難所そのもの**となっています。ルート中に岩場が多ければ多いほど、また、その岩場が難しくて危険なものであるほど、そのルートは技術的グレードの高い難ルートとなります。

普通の山道は2本の足で立って歩けますが、岩場では足場が小さくて不安定なため、2本の足だけでは通過できません。岩の形によって足場への靴底の置き方を工夫し、さらに片手または両手で岩角を持って、身体のバランスを支えながら登り下りします。

つまり、四本足の動物のように、両手足を使って岩場を通過するわけです。この方法は**「三点支持」**といって、ロッククライミングの基本技術になっています。

では、ロッククライミングの技術がないと、岩場は通過できないのでしょうか？

もちろん、そんなことはありません。ハシゴを昇り降りすることを考えてみてください。足だけでハシゴは昇り降りできませんが、手を使って体を支え、一歩または一手ずつ移動させているでしょう。岩場での動きも、それに似たものになります。

ただ、そこで足が滑ったり、足場を踏み外したりすると、転・滑落して遭難事故となってしまいます。岩場はそういう危険のある場所です。

やさしい岩場は、好条件のもとでは初心者でも通過できるでしょう。しかし、強風が吹いていたり、運悪く雨が降っていたりすると、初心者では危険かもしれません。また、長時間歩いて疲労しているとか、背負っている荷物が重いとか、さまざまな条件のときに岩場を通過しなくてはならない場合があります。

クサリやハシゴがあるのは特別に危険な場所

岩場のなかでも、特別に危険な場所や、登り下りの動作が難しい場所には、クサリやハシゴが設置されています。登山の用語で、クサリのある場所を**「鎖場」**、ハシゴのある場所を**「ハシゴ場」**といいます。とくに「鎖場」はよく使う言葉です。

クサリがあるから安全か、ハシゴがあれば簡単かというと、そうでもありません。そもそも手足だけで通過するのが難しいからこそ、クサリ、ハシゴが設置されているのです。難しいと同時に危険な場所でもあって、実際に、鎖場やハシゴ場周辺からの転・滑落事故は、ときどき起こっています。

鎖場があるようなルートは、少し難しいルートで、鎖場はその難所になります。ハイキングではめったにありませんが、**登山ルートなら鎖場はひんぱんに出てきます。**

クサリ、ハシゴは、複数の人が同時に使うのは危険です。クサリは支柱と支柱の間に一人だけ入るようにして使います。ハシゴは順番を待って一人ずつ通過します。

鎖場を下る。クサリは片手で持つほうがよい

クサリに両手でつかまって体重をかけると、腕の負担が大きいうえ、体が左右に振られて登りにくいものです。片手でクサリ、もう一方の手で岩のどこかを持ち、足場をきちんと決めて登り下りしたほうが楽ですし、危険の少ない方法といえます。

ハシゴは、縦の部分を持つのではなく、横のステップに手をかけて持つほうが安全です。靴の土踏まずの部分でステップにきちんと立って昇り降りします。

八ヶ岳（**長野県・山梨県**）の長いハシゴ場で、こちらがハシゴの途中にいるのに、下から登ろうとする2人連れがいて困ったことがありました。**クサリ、ハシゴは、絶対に一人ずつです。**落石の来ない場所で待ちましょう。

東京・奥多摩と北アルプスの「滑落」の共通点

転落・滑落は、岩場以外にもいろいろな場所で起こります。

ぜひ知ってほしいのは、普通の登山道から転・滑落するケースです。特別な難所や危険箇所と意識されない場所でも、転・滑落事故が起こっています。

奥多摩の川苔山《かわのりやま》（1363m）には、一時期、滑落事故が多発して有名になった場所があります。それは北面の**百尋ノ滝**《ひゃくひろ》を経由して登るルートです。**川苔谷**に沿って百尋ノ滝まで歩き、ここから**丸山**という小ピークの南側を急登して高度を上げ、標高900〜930mぐらいの所を真横に移動します。このように横移動することを**「トラバース」**といいます。

左の写真は、急登を終えてトラバースに入った所で、奥から手前のほうへ緩やかに登ります。特に危険は感じられませんが、左手の樹林の下には急斜面があり、谷まで一気に落ちています。何人もの登山者・ハイカーが、この付近から谷底まで滑落して、死亡したり

川苔山・百尋ノ滝ルートの滑落多発箇所（冬に撮影）

重傷を負いました。なぜ、ここで滑落事故が多かったのでしょうか。

①谷側に落ちている急斜面は樹林に隠されて、よほど注意しないと見えません。

②登りの場合、ハシゴがかかって緊張する箇所を急登してここへ出てきます。トラバースに入ると、ホッとして気が緩むと考えられます。

③下りの場合、川苔山を越えてきて終盤近くに、ここに出ます。疲労がたまって事故の起こりやすい時間帯になっています。急いで下っているときなど、とくに危険です。

写真は上から百尋ノ滝方向を見たものですが、登山道の途中に大岩が出っ張っていて、道幅が狭くなっています。こんな部分が何かのブレーキになって踏み外す原因になったのでしょうか。

◎危なそうに見えない一般登山道にも滑落の危険がある

川苔山の例のような危険箇所は、登山者・ハイカーにはなかなかわかりません。奥多摩の山岳救助隊のかたが事例を公表したために、広く知られるようになりました。しかし、2014年にも同じ場所で滑落事故が起こっています。

同じような危険箇所は、山のいろいろな場所に隠されていることでしょう。**岩場、鎖場、ハシゴなら危険箇所とすぐわかりますが、このような一般登山道の危険箇所はわかりにくく、警戒する対象にはなりません。**

もう一つの例を紹介すると、これは低山ではなく、**北アルプス・五竜岳へのルートがある遠見《とおみ》尾根の上部**です。写真の稜線上で白くはがれて見える部分が登山ルートで、その左側にがけが落ちていることがわかります。遠くから見下ろすと危険性がわかりますが、**実際に登山道の上に立つと、それほど危険には見えない**と思います。

このルート上で転倒した場合、がけのほうへ数メートル落ちると致命的な滑落になってしまう危険性があります。また、奥のほうには灌木《かんぼく》や草のついた斜面がありますが、そこへ滑落しても、やはり止まらないと思います。実際に、遠見尾根の上部では、過去に何

遠見尾根上部の崩壊地形についている登山ルート

度も滑落事故が起こっています。

川苔山と遠見尾根との共通点は、危険な地形の上に登山道がつけられていることです。川苔山は急斜面の途中にトラバースの道が、遠見尾根は崩壊地形の上の稜線に登山道がつけられています。そのルートを歩いているときに、何かの原因で転倒すると、危険な地形の中に投げ出されて滑落することになります。

できるだけ情報を集めて「見えない危険箇所」を知ることも重要です。しかし、全部見きわめることは難しいでしょう。「山の危険を甘く見ない」「山では何が起こるかわからない」――そういう謙虚な姿勢をもつことが、まず基本かもしれません。

崩壊地形の「ガレ」には浮き石がゴロゴロ

大小の岩、石、砂が積み重なって地面をおおった崩壊地形を、**ガレ**（岩礫地《がんれきち》）、**ザレ**（砂礫地《されきち》）と呼んでいます。ガレやザレは何かの原因で登山道が崩壊したり、植物の被覆がなくなった所にできる地形で、山ではごく普通に見られるものです。

ガレは、斜面に大小の岩石が堆積したガラガラとした地形です。ガレ場、ガラ場ともいいます。堆積している岩石は大きく、なかには巨大な岩も含まれます。斜面の傾斜はゆるやかなものから急斜面までいろいろです。大量の**浮き石**がたまっている場合が多く、大きな岩が浮いていることもありますし、大岩の上に大小の浮き石が集まっていたりします。岩場ほどではないですが、**ガレも転倒、転落、滑落、落石の要注意箇所**です。しかも、ルート上で**岩場よりもひんぱんに現れます。**

ガレでは登り下りの技術というより、どんな足場を選び、どういうラインで行くかが重要です。浮き石を見分けて確実に避け、安定して立てる地面や、体重を乗せても動かない

登山ルート上のガレ場は危険箇所の一つ

岩を見つけて、それらを結んだラインで登り下りします。

ザレは、表面が小石や土砂で埋まったザラザラとした地形です。急斜面では小石や砂がたまらずに落ちてしまいますから、ザレができるのは、比較的ゆるやかな斜面や平坦地に多いようです。

ザレはガレほどひんぱんに出てきませんし、けっこう歩きやすいものが多いです。靴底全体で砂礫を上から押さえつけるように踏みますが、重なり合った砂礫が動いてブレーキになり安定します。

しかし、硬い地面や岩盤の上に薄く砂礫が乗っているザレは要注意で、踏んだとたんに滑って転倒することがあります。

◎ガレ場を安全に歩く方法

ガレ場は岩場と並んで危険箇所となっています。本来なら避けて通りたい場所ですが、登山ルートがガレ場のなかを通っていることは少なくありません。

ガレ場のなかで歩くべきルートは踏み跡ができていて、浮き石が整理され、岩が踏み込まれて比較的安定した状態になっていることが多いです。そのような**通過ライン、踏み跡を見分ける**のが、ガレ場歩きの第1のポイントとなります。

通過ラインがわかったうえで、転倒やスリップの原因となる**浮き石、砂礫などを避けながら、できるだけ安定した岩や地面を足場に選ぶ**ことが第2のポイントです。

ガレ場のなかで安定した足場とは、次のような場所があげられます（左の写真参照）。

①靴底がフラットにおける地面、または均一なザレ地（細かい砂礫地）
②岩の底が安定した形で斜面に止まっているとき、その岩の上面や岩角
③大岩の下部が埋まっていて動かないとき、その岩の上面や岩角
④比較的傾斜のゆるいところで、小さめの岩くずが均一に堆積したところ

このような足場を選んだら、前足でしっかり加重して登り下りしていきます。

①地面やザレ（砂礫面）

②岩の頭に靴底をかける

③底が埋まっている岩の面

④均一に重なった岩くず

前足1本で立つのが不安定なときは、手がかりを選んで補助する必要があります。ガレ場で手がかりにできるものは、岩やブッシュぐらいしかありません。不安定で抜けやすいものが多いので、少しずつ力をかけてだまし気味に使うようにします。

ガレ場を歩くときには、前足加重とほぼ同時に、体は二つの作業を行っています。

①前足加重のとき、靴底の感触で、スリップしないかどうか判断しています。

②一歩先の状況を目で見て、安全に立てる次の足場を判断しています。

こうして、一歩ずつよい足場を選ぶと同時に、確実に浮き石を避けながら進んでいくのがガレ場の歩き方です。

岩場、ガレの落石の恐怖

山では、崩壊地から石が落ちてくる場所があります。崩壊地の下を林道や山道が通っているとき、周辺に石が落ちている状態を見れば、落石の危険性がわかります。ところが、岩場、ガレは、落石が発生している場所そのものなのです。岩場、ガレを通過しているときは、落石地帯を通っているのと同じことです。

岩場の周辺には、それほど落石の形跡が見られない場合もあります。傾斜が強い岩壁や岩稜では落石はずっと下まで落ちて、傾斜のゆるいところに堆積してガレになります。ガレは落石がたまった場所ですから「落石の巣」といっていいでしょう。いずれにしても、**岩場とガレは落石が最も多発する危険地帯です。**

落石が危険な場所は、できるだけ速やかに通過します。つねに上方に視線を向けて落石が来ないかどうか警戒します。また、**落石の危険な場所で休憩してはいけません。**

落石には自然落石と人為落石があります。

積雪がある季節には、岩は雪と氷でブロックされていますが、雪解けとともにゆるんで不安定な浮き石になり、一部がはがれ落ちて落石になります。**雪解けとそれに続く梅雨の時期は浮き石が多くなり、自然落石の発生しやすくなります。**主要な登山エリアでは、夏山シーズン前に、山小屋関係者などが登山ルート上の自然落石を整理しています。

◎人為落石への注意

登山者が落とす落石を人為落石といいます。**夏から秋にかけて、北アルプスや八ヶ岳のように登山者が多い山域では、人為落石のほうがはるかに危険な状態になります。**

北アルプス・穂高連峰で起きた遭難事例を紹介しましょう。

まず、単独で下山していた男性（66歳）が岩場を数メートル落ちて頭を負傷しました。その直後、近くから長さ30㎝、厚さ5㎝の板状の石が落下しました。15mほど下にいた女性（58歳）が落石を避けようとして転倒し、左腕を骨折しました。さらに、同じグループの別の女性（66歳）は落石が当たったもようで骨盤を骨折しました。

3人は救助ヘリで病院へ搬送されました。最初に滑落した男性が落石を起こした可能性があるものの、事実は不明です。

夏山シーズン中、多数の登山者が押し寄せる人気ルートでは、このように危険なシーンが毎日のようにくり返されていると予想されます。

岩場、ガレ場に登山者がいたら、いつ落石が起こるかわかりません。落石が発生しやすい岩場、ガレ場では、落石を起こさない熟練者ばかりが入山しているのではありません。不慣れな人は自分が転倒・滑落しないのに精いっぱいで、落石まで注意がゆきとどかない状態で歩いています。

岩場、ガレ場では、そこへ入る前に全体を見て、どこをどう登ってゆくか見通しをつけます。そのとき、落石の危険な場所がどこかを見ておきます。

実際に岩場、ガレ場に入ったら、つねに上方へ注意を向けながら登り下りします。真上にルートがある場所は、立ち止まらずに通り抜ける必要があります。真上に登山者がいて落石に直撃される位置関係だったら、手前でしばらく待つほうがいいでしょう。真上にルートがない区間であれば、少しゆったりと登り下りすることもできます。

鎖場やハシゴは落石にさらされる危険箇所です。真上に人がいないこと、落石の危険がないことを確認してから取り付くようにします。また、自分のグループのメンバーにも注意が必要です。順番を待つときに、先行者の真下の位置は避けるようにしましょう。

◎落石が起こったら

落石を見たら、第一に、下へ向かって大声で「ラークッ！」と叫びます。そして、落ちてくる岩の落下線から確実に身をかわして避けます。岩が自分へ向かって飛んでくるときはあせりますが、冷静に落下線を見きわめて避けるしかありません。

意外に困るのが小さい落石で、「ラークッ！」の合図が聞こえても、落石がどこを飛んでいるか見えないことがあります。そんなときは、近くの大きめの岩に身を寄せるなど、少しでも対処するしかありません。

また、私は一度に多量の落石に襲われたことがありますが、傾斜の強い岩壁だったので、壁側にぴったり体を寄せてじっとしているしかありませんでした。

落石は本当に怖いものです。小さい落石でも頭に当たると致命的なケガになり、落石の衝撃で転・滑落する遭難事故もよく起こります。**岩場、ガレではつねに緊張感をもって行動しましょう。**そういう意識をもつことが、事故に遭わないために重要なのです。

なお、岩場やガレが多く、落石の危険性が高いエリアでは、最近はヘルメットを着用することが推奨されるようになっています。

雪渓は「滑落と落石」のダブルで危ない

山で危険な場所といえば、だれでも知っているのが**雪渓**ではないでしょうか。

しかし、雪渓は特別な山にしかありません。一般的な登山ルートになっている雪渓は、**北アルプスの白馬《しろうま》大雪渓**、**針ノ木雪渓**、**剱沢《つるぎさわ》雪渓**が代表的で、**北アルプス3大雪渓**と呼ばれています。ほかに**飯豊《いいで》連峰の石転《いしころ》び雪渓**が有名ですが、これは上級向きルートで、これまで滑落事故、落石事故が何度も発生しています。

雪渓の表面は基本的に滑りますから、雪上歩行の技術を使って登り下りしなくてはなりません。詳細は省略しますが、靴のエッジをけりこんできかせたり、滑り止めのアイゼンを使ったりします。白馬岳への一般ルートになっている白馬大雪渓では、雪に刺さる爪の本数が4本または6本の軽アイゼンを装着する人が多いです。

バランスを崩してスリップし、転倒すると、雪の状態によっては長い距離を滑落していきます。雪渓には多くの岩がありますので、岩に激突するか、斜面と雪渓の間（ラントク

白馬大雪渓。周囲の岩壁から落石が落ちてくる

ルフト）に転落して死亡または重傷というのが、滑落事故の典型的なものです。

雪渓では落石事故も多いです。白馬大雪渓でも毎年落石事故が起こっています。

雪渓周辺は広い範囲に遅くまで雪が残り、雪が消えて後退してゆくと同時に、崩れやすい岩場、ガレ、草付などの地形が現れます。そこから発生する落石は、雪渓上に落ちて転がり、加速度をつけながら、音も立てずに飛んできて登山者を襲います。

ガスや雨で上部が見えないときにはとくに危険で、落石に気づくのが遅れるので、身構えておく必要があります。雪渓の上を歩くと大小の岩石がたくさん散乱していて、落石が多いことを証明しています。

どんな所でも起こるのが「転倒」

転落、滑落、落石は、それが起こりやすい危険な場所を指摘できる遭難形態でした。それに対して、**場所に関係なく起こる遭難が「転倒」**です。1章でふれましたが、現在の山岳遭難の特徴である〝軽い遭難〟の代表的なものです。

登山・ハイキングは整地されていない道を歩きますから、いたるところに転倒する原因があります。しかし、それは一般的なレベルの注意力で防げるものです。

転倒の原因は、つまずく、浮き石に乗る、踏み外す、足を滑らせる、バランスを崩す、などです。**どれも初歩的なミス**といえます。転ぶこと自体はたまにあることです。上手な転び方をすれば無傷または軽傷ですむこともあります。持参したファーストエイドキットで手当てをして、それで終了なら遭難ではありません。

しかし、**転んだときに、岩に頭や手足を強打する、とっさに手をついて手首を骨折、岩の間に足が挟まって足首骨折、肩から地面に落ちて脱臼**、というような事故が起こっています。重傷か軽傷か判断できない場合には、大事をとって救助要請するケースが多いでしょう。ケガをした状態で下山するのは危険な場合もありますから、救助要請したほうが無難だと思います。

転倒遭難が多いという状況は、登山者・ハイカーが、普通に歩いているときの**注意力が足りない**ことを意味しています。転倒しないためには、**一歩一歩に集中して、浮き石、転石、横木、倒木、木の根のような、転倒の原因になるものを避けて歩く**必要があります。また、**木道、木の段、階段、桟道、岩角、岩の段差など、一つ一つを滑らないか、ぐらついていないかチェックし、スリップを防ぐ使い方をしていきます。**

このような姿勢は、登山の基本です。**転倒した人はつい気を抜いて、景色を見ながら、おしゃべりをしながら、浮き石や濡れた木を踏んで滑ったのではないでしょうか。**

転倒しただけならインシデントで影響は少ないでしょう。しかし、岩場、ガレ場、その他、これまで紹介してきたような危険な場所で転倒すると、それは多くの場合、長い距離の転・滑落となり、生死にかかわる遭難事故になります。

そのような危険を避けられる登山者・ハイカーになるために、いつも足元に集中して転倒しない歩き方を心がけ、身につけてしまうことが大切です。

無理がたたって起こる「発病」、とくに恐い突然死

「病気」による遭難は8％ほど、「疲労」による遭難は6％ほどを占めています。

20年ほど前から、登山中に急に胸の痛みを訴えて倒れ、意識不明になって、そのまま死亡してしまうという遭難事例が何度か発生し、注目されるようになりました。それは、**心筋梗塞**などの心臓発作による病死でした。

下界でならともかく、**登山者が山で突然死するとは、それまでには考えられないことでした。**中高年登山がブームになり、登山者の年齢層が高くなったので、このような発病による遭難も起こるようになったのです。

今では、この種の遭難は珍しくありません。転・滑落などのように多発はしませんが、つねに一定数を占めています。死亡率の高い遭難形態です。

2015年の夏は猛暑でした。7月に**谷川連峰の平標山《たいらっぴょうやま》**に登った男女3人パーティのうち男性1人（61歳）が倒れ、その救命措置をしていたもう1人の男性（64歳）も、続け

て倒れ意識を失いました。近くにいた登山グループが119番通報しましたが、2人は心肺停止となり、翌日、病院で急性心不全による死亡が確認されました。同一パーティで2人が同時に突然死するのは珍しく、この事例以外には聞いたことがありません。

日本登山医学会理事の野口いづみさんが調べた結果によると、心筋梗塞は前触れの症状として、4割は胸の痛みだけを訴えました。5割は胸の痛み以外に「そのほかの症状」もありました。そして、1割は胸の痛みがなく「そのほかの症状」だけがあったそうです。「そのほかの症状」とは、多い順に、呼吸困難・息切れ、冷や汗、吐き気・嘔吐《おうと》、みぞおちの痛み、などです。このような前触れの症状が心筋梗塞の特徴なので、見逃さずに早く対処することが重要だと、野口さんは言っています。

心筋梗塞は一刻の猶予もない場合が多いです。急いで救助要請を行い、救助ヘリや救急車に来てもらいます。意識がない場合は心肺蘇生措置を行います。

登山中に突然死する人は、平地の2・5倍ほどと、多いそうです。登山中は運動によって血圧が上昇し、心拍数が増加することと、山の環境は寒く、気圧が低く、酸素が薄いことが影響しているといいます。

心臓病のほかに、少ないですが脳卒中や血管系の病気で突然死する例もあります。

「疲れてるだけ」と思いがちな脱水症、熱中症、高山病

病気と疲労は、区別しにくいところがあります。

少しぐらいの疲労（バテ）は、がんばれば克服できるような気もします。しかし、ひどく疲労してしまうと、すでに脱水症になっていることがあります。さらに進行して気分が悪くなったり、手足がけいれんしたりすると、熱中症になっているかもしれません。

脱水症や熱中症は、登山で起こりやすい軽い病気の一つです。

脱水症は、体重の2％の水分喪失でのどの渇《かわ》きを覚えます。6％の水分喪失になると、激しいのどの渇き、疲労、脱力、頭痛、立ちくらみ、尿量減少、尿の濃縮、皮膚・粘膜の乾燥などの脱水症状が表れてきます。**のどの渇きを覚えるのはすでに脱水状態**なので、意識的に多く水分をとる必要があるといわれています。

熱中症は、軽症の熱失神（日射病）、熱疲労、熱けいれんと、重症の熱射病に分けられます。熱失神はめまいや立ちくらみを起こし、熱疲労は脱水して気分が悪くなります。熱

けいれんは塩分が失われたことが原因で、手足や腹部がけいれんします。**熱中症は、軽症のうちは疲労や睡眠不足の症状とあまり変わらないため、無理をして症状を悪化させてしまうことがあります。**熱射病まで進むと大変なので、熱疲労のうちに対処する必要があります。

山でしかかからない病気が**高山病**です。酸素不足が原因でさまざまな不調が起こるのですが、これもまた、**単なる疲労と勘違いしやすい**ので注意が必要です。おもな症状は、頭痛、倦怠《けんたい》感、食欲不振、吐き気、不眠、むくみなどですが、疲労していたり、脱水しているとかかりやすいので、まぎらわしいわけです。

高山病にかかりやすいのは、**1日で一挙に高度を上げたとき**です。たとえばツアーバスで**富士山五合目**に着いて、そのまま徹夜で山頂まで登ったりすると、高山病にかかる可能性が高いです。また、交通機関で一気に2500m近くまで上がる、**立山黒部アルペンルート**のような路線も要注意です。2008年に、**雷鳥平キャンプ場**（富山県）に泊まった女性が、高山病（肺水腫）のため死亡した例があります。

高山病の対処は、呼吸法を工夫する、軽い運動をする、高度を下げる、下山するなどです。**富士登山をするときには、高山病の基礎知識を調べたほうがいいでしょう。**

真夏に凍死？ 低体温症の恐ろしさ

低体温症というのは、低温の環境下で体温が維持できなくなる状態です。

体温を下げる要因は、**低温、風、濡れ**の三つです。山で暴風雨になると、この三つが完全にそろいます。暴風雨のときにレインウェアを着ないで歩いたら、数十分で低体温症になるでしょう。レインウェアを着ていても、それが濡れを防ぎきれない不完全なものか、ゴアテックスなどでない完全防水の雨ガッパなどだったら、蒸れを発散できずに濡れてしまうので、やはり数時間後には低体温症になる危険性が高いでしょう。

低体温症の症状は、コア体温といって、心臓・肺・脳の温度が基準になります。コア体温は37度が正常ですが、何かの原因で35度まで低下すると低体温症になります。

コア体温が36度に下がると、寒さを感じ、体の震えが始まります。これが低体温症の最初のサインですから、このときに対処することが重要です。

35度に下がると、震えが最大になり、疲れて周囲に無関心なように見えます。

34度に下がると、意識障害が始まり、自力で回復することが不可能になります。

34度に下がると、意識障害が始まり、自力で回復することが不可能になります。さらに体温が低下するにつれて、よろめく、ろれつが回らない、すぐ眠るなどの症状が表れます。32度で震えが止まり、意識がなくなって危険な状態になります。

これが低体温症です。気象遭難のドキュメントなどを読むと、低体温症の症状が表れた遭難者の不思議な行動が描写されていることがあります。

登山者の間に低体温症の知識が広がったのは、2009年7月に起きた**トムラウシ山遭難**の状況が詳しく伝えられてからです。それまで雪山遭難では「疲労凍死」と呼んでいましたが、症状を正確に表す「低体温症」の用語に変わりました。

現在、**低体温症による遭難は、真冬から真夏までひんぱんに起こっている**ことがわかっています。気象遭難で死亡する遭難事例の多くは、低体温症によるものです。

低体温症にならないためには、**体温喪失を防ぐウェア**を用意して正しく使うことと、体内から熱を生産できるように、**適切に食べたり飲んだり**していることが大切です。

そして、当然ながら、悪天候のときには行動しないことや、登山中に悪天候になったら行動を中止して安全な場所に避難すること、また、登山計画を立てる時点から安全な避難場所を調べておくことも重要です。

クマは恐いが、どこにでも出るわけではない

警察庁の遭難データに「野生動物襲撃」という項目があります。当てはまるものは、クマ、イノシシ、スズメバチなどですが、やはり一番怖いものはクマでしょう。登山者がクマに襲われると、無傷・軽傷でもニュースで報道されます。

秋田県の例を紹介します。2015年6月、**秋田・岩手県境にある中岳《ちゅうだけ》**（1024m）へ登るため、Cさん（56歳）は林道に車を停めて一人で入山しました。登山を終えて戻ってくると、突然現れたクマに襲われ、頭や顔を数回引っかかれ、腕を噛まれました。そのまま車で病院へ行って治療を受けましたが、右腕を骨折するなど重傷を負いました。入山時刻は8時ごろ、クマに襲われたのは11時ごろでした。

秋田県内では、このころクマの目撃情報がたくさん出ていました。少なくとも秋田県では、人間の生活圏のすぐ隣でクマが生息していると考えられます。昔のイメージのように、ずっと山奥にいるのではなさそうです。

ニュース報道を見るかぎり、クマはヤブなどから突然現れて、登山者に一撃を加えたのち、それ以上攻撃しないで立ち去るようです。

奈良県の大峰山脈の例です。2015年8月、**涅槃岳**《ねはんだけ》（1376m）に登るため一人で入山したDさん（69歳）は、途中で雨が降り出したため下山途中でした。**太古ノ辻**《たいこのつじ》から**前鬼**《ぜんき》に向かう途中で、突然、体長1・2mほどのクマに出くわし、頭や肩を5cmほど引っかかれました。持っていた木の杖でたたくとクマは逃げ去りました。Dさんはそのまま下山して、自宅に戻ってから病院で治療を受けました。病院から警察へ通報したようです。

秋田県の場合とちがい、大峰の主稜線近くはけっこう山奥という感じがします。このクマは人間を恐れていて、少しだけ攻撃して、すぐ逃げ去ったのでしょう。

クマが出る危険性がある山へ行くときは、鈴やラジオなどで音を出しながら歩き、一人なら時おり「オーイ！」と大声をあげたりして、こちらの存在を知らせてやります。そうすると、クマのほうでは自然に離れていくそうです。

運悪く近い距離で出会ったら、クマのほうを向きながら、ゆっくりとその場を離れます。クマと目を合わせると攻撃の合図になるので、目を見ないようにします。クマに近づいたり、写真を撮ったりするのは、危険なのでやめましょう。

4章

「スマホやネットがあるから、まぁいいか」は危険すぎます

ネット情報の何が危ないのか

ネットの情報だけで行ってしまう例として、2章でAさんを紹介しました（42ページ）。

ただ、Aさんはネットの情報を主にしていましたが、それ以外に古典的なガイド本も持っていました。また、SNSで知り合った複数の人と友達になって、遊び感覚の登山サークルを作っていました。私はAさんのやり方に新しさを感じて、どのように山登りをやっていくのか、楽しみに見ていた部分があったと思います。

さて、くり返しになりますが、ネットの登山情報は主観的なものが多いです。

情報を出している人を知っていれば、その人の個性のフィルターがかかった情報として受け取ることもできます。しかし、ほとんどの場合、まったくの他人でしょう。知らない人から出た情報を、そのまま信用するのは危険です。

もちろん、ネットの情報を全部信用できないというのではありません。「9割は信用できるが、1割は不正確な部分もある」というような意味です。

その不正確な部分を区分けして、批評的に読み取れるなら、いうことはありません。しかし、そんなことができるのは上級者でしょう。初心者〜初級者の皆さんは、なかなかそういう受け取り方はできないにちがいありません。

ネット時代の今日、私のような考えは少し古くさいかもしれませんが、安全な登山・ハイキングをするために、次のことをおすすめします。

①行こうとしているエリアの登山地図を購入する

登山地図は基本的に1年単位で情報が更新されています。行こうとしている山とルートについて、登山地図には必要な情報がひととおり入っています。ただ、エリアごとに1冊になりますので、いろいろな山へ行く人にはけっこうな出費になります。

②登山入門の本を1冊買い、ひととおり通読する

本には、時間がたっても古くならない情報が書かれています。登山の基本的な知識・技術の部分は、必要なときに反復して読める本で学んだほうが確実です。わかりにくい部分もあるかもしれませんが、ひととおり通読してみるといいでしょう。

こうして、**登山地図や登山入門の本でベースを作り、それとつき合わせながらネットの情報も利用していく**のがいい方法だと思います。

【チェックしてみた①】
ネット情報で危険箇所はわかるか？

ネットで見られる登山情報はどんなものなのか、確認してみましょう。

3章で、川苔山の百尋ノ滝ルートを紹介しました。**ネット情報では、ここの危険箇所はどんなふうに書かれているでしょうか。**

グーグルで「**川苔山×百尋ノ滝**」で検索しました。すぐに大量の情報が出てきます。最初に「**ヤマケイオンライン**」の記録が2本、どちらも2015年5月です。地図、高低差グラフ、標準タイム比較グラフなどのデータと、大量のきれいな写真があります。写真はルート情報としてとても参考になります。

危険箇所については、二つ目の記録に、「百壽（ママ）の滝付近の道は片側は落ちていて、高度感があるため随所にロープがつけられています。何か所か木の梯子《はしご》や木の階段がありますす。落ち着いて行きましょう」とありました。ただ、写真を見ると、3章で紹介した多発箇所とは別の場所で、片側が崩落した所に桟道が渡されています。

次に、**「サンケイリビング」のハイキング情報**です。ガイド文ですが短く簡単に書かれていて、短時間で読み終えてしまいます。危険箇所についてはふれられていません。

登山のSNSである「**ヤマレコ**」の記録が2本あります。2013年5月と9月で少し古いものです。1本目は写真中心の記録で文章は少ないですが、自然公園管理センターが掲示した看板「この付近　転落事故発生！　通行注意！」の写真が出ています。

2本目の記録は、具体的に注意箇所を書いています。「百尋の滝～川苔山：前半は片側が崖の狭い登山道（なので雨天時は注意）」とあります。また、「川乗橋ルートは全体的に整備はあまり行き届いていない。すれちがいや悪天候時の通行に注意」とも書いています。この記録はベテランの人が書いた感じを受けました。

このような情報が、まだまだ続いています。同じ情報を何度も見ることになりますし、どの情報がよくて、どの情報がよくないかという判断は難しいです。そして、**危険箇所を指摘しているものは、「ヤマレコ」の2本目だけでした。**

ネットの情報は文章が短くて読みやすく、地図やグラフ、写真が多くてきれいです。しかし、エリアの精通者がアドバイスしている性質のものではありません。情報を取捨選択しなくてはなりませんが、多くの情報を比較検討するのは大変な作業だと思いました。

【チェックしてみた②】
「ヤマタイム登山地図」『山と高原地図』に危険表示はあるか？

左ページにあげた地図は、「ヤマケイオンライン」の「ヤマタイム登山地図『川苔山』」です。これを見ると、**百尋ノ滝**の南に危険マークの「**！**」が記載されています。この登山地図は、小さな記号一つで十分に目的を果たしています。図表や写真が豊富でも危険情報がきちんと書かれていなかったネット情報とは、大きなちがいがあります。

登山情報サイトである「ヤマケイオンライン」は、登山専門出版社の「山と溪谷社」が運営しています。「ヤマタイム登山地図」は、国土地理院の地形図をベースに、登山ルート、コースタイム、危険箇所、通行止め区間など、登山に役立つ情報を追加記載したものです。無料で閲覧できますし、印刷して持っていくこともできるでしょう。ただし、初心者が登山地図として使うには、情報量がやや少ないかもしれません。

市販のものでよく使われている登山地図に、『**山と高原地図**』（昭文社発行）があります。同シリーズの「**奥多摩**」を開いてみると、こちらも該当の場所に危険箇所を示す「**危**」の

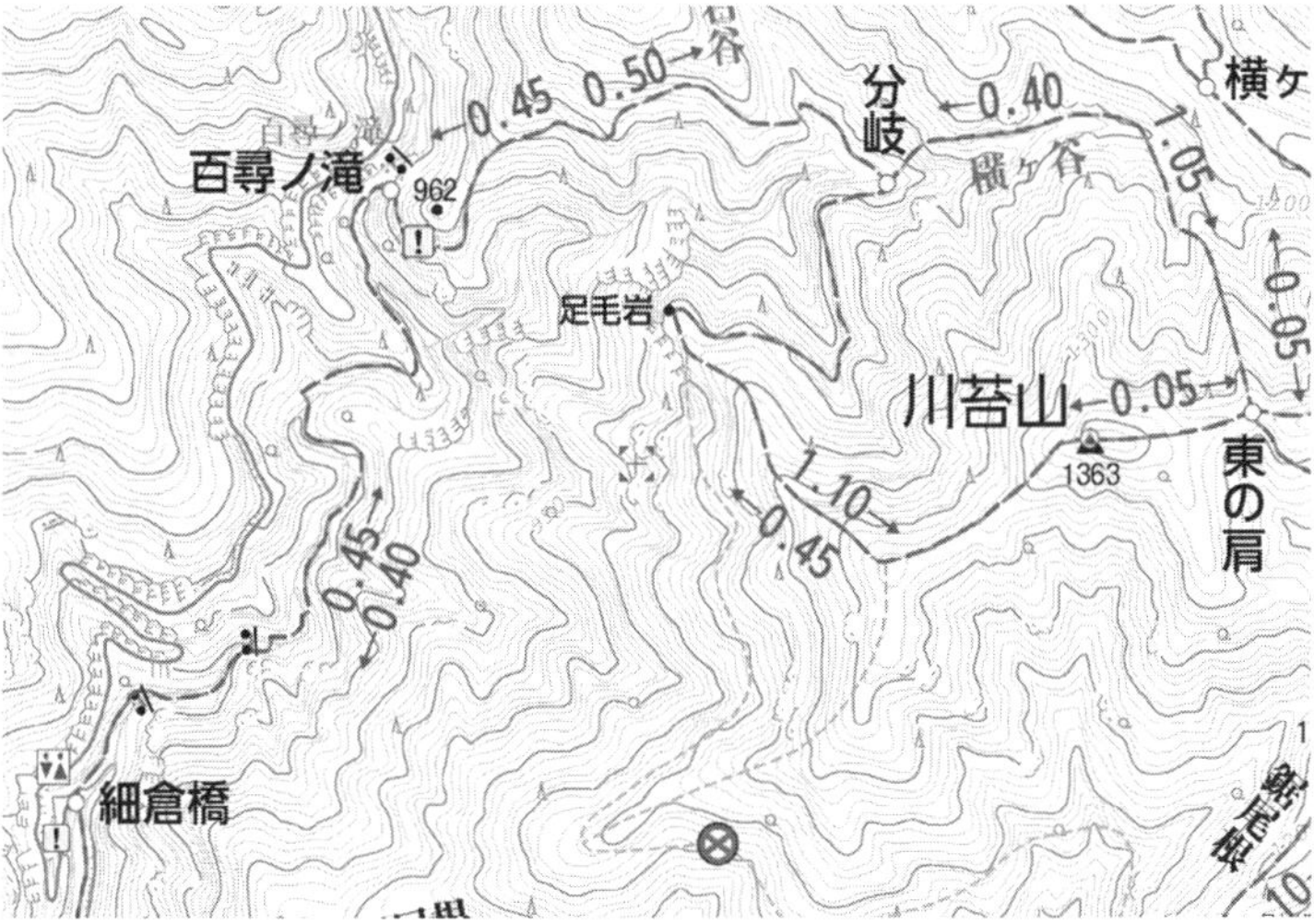

ヤマタイム登山地図「川苔山」には、危険箇所の表示(「！」)がある

マークが記載されています。

危険箇所の表示は、現地に行ってその危険を確認できたときに、その人にとって重要な意味をもつ情報となるでしょう。

「山と溪谷社」や「昭文社」の地図を持って行った人は、現地で危険マークがある場所を当然警戒しますし、どこが危険なのかと観察しながら通過するでしょう。そのようにして**リスク意識を保っていれば、遭難事故は発生しにくくなります。**

逆に、**危険な箇所の表示が何も書いていないネット情報しか見ていなかった多くの人たちは、同じ場所の危険性をあまり意識せず通過していたのでしょう。**ネット情報だけでは十分でないと私が感じている一つの理由です。

「コースタイム」は目標や義務ではない

登山・ハイキングのガイド文を見ると、かならず書かれているのが**コースタイム**（所要時間）です。しかも、目立つ場所にあって、重要な情報であることがわかります。

このコースタイム、どうやって決められていると思いますか？

まじめな考え方をするなら、現地踏査《とうさ》をして実際にかかった時間を書くのが、著者としては誠実な姿勢といえるでしょうか。でも、それでは実際に歩いたときのコンディションに影響されてしまい、一般的に妥当性のある時間にはなりません。

現実的に推定すると、著者は実際にルートを歩いて踏査したうえで、

①踏査時にかかった時間
②そのときのコンディション
③地図から読み取った距離・標高差
④同ルート（または近場のルート）の別のガイド文とコースタイム

を参考にしながら、総合的に考えてコースタイムを決めていると思います。

コースタイムは著者の主観が入りやすく、本来はファジーなものでしかありません。それにもかかわらず、**有名なルートほどコースタイムが固定化**されてゆく傾向があります。そして、多くの登山者・ハイカーは、「コースタイムで歩く」ことを目標のように意識しています。「コースタイムの8割で歩けた」などと、自慢したりもします。

たとえば、**丹沢の塔ノ岳へ一気に登る大倉尾根**は、私の若いころには登り3時間、下り2時間と決まっていました。どのガイド文でもコースタイムは完全に同じでした。

それが十数年前から大きく変化して、登り3時間30分、下り2時間20分ぐらいになりました(もっと長く、登り4時間、下り2時間30分にしている例もあります)。登山者・ハイカーの平均年齢が高くなったことと、全国的に遭難が多すぎることに配慮して、**コースタイムを長くする傾向が出てきているのです。**

しかし、ペースの遅い人に合わせてコースタイムを長くするのは、本末転倒のような気もします。**コースタイムはあくまでも「参考時間」**です。その時間で歩くのが義務なのではありません。**歩行ペースの遅い人は、コースタイムを2割増し、3割増しのように計算して、自分のスケジュールで歩けばそれでいいのです。**

難所や危険箇所を書いていない「ルートガイド」は困ります

山へ行くときの重要な情報源となる**ルートガイド**。それは、当然のことですが、著者の個性が表れた文章で書かれています。

花が好きな著者なら、花のことを詳しくたくさん書くでしょう。読んだ人は、きれいな花がたくさん見られるルートなのだと思うかもしれません。社寺や山村の文化的なこと、山頂から見える展望について詳しく書く著者もいるでしょう。

何を書くのも著者の自由ですが、ルートガイドである以上、主要な通過地点を結んだ道順、途中の分岐点、難所や危険箇所、トイレ・水場などの説明は必要です。地図を見ればわかるともいえますが、文章や写真でも説明してほしいものです。

注意したいのは、**ルート中の難所や危険箇所の書き方**です。著者は上級者が多いでしょうから、難所を難所と感じないかもしれません。そこで、難所にもかかわらずかんたんに通過してしまえるように書いている、あるいは、ほとんど難所として取り上げられていないガイド文も実際にあると思います。

危険箇所も同様です。著者が危険に感じなくても、**初心者〜初級者にとって危険な所はたくさんあります。それを説明してあげるのがガイドの役割**です。著者基準の目線しかなくて、読者にとっての危険箇所が見えていないルートガイドは困ります。

同じことが、主要な通過地点、分岐点、トイレ・水場など、多くのガイド要素に関していえます。著者が「自分は道迷いなど起こさない」と思っていると、ルート上にまちがえやすい分岐点があることに気づかないでしょう。そうすると、ガイド文にも分岐点の説明は入ってこないことになります。

ガイド文に書かれていなくても、地図を見れば分岐点であることはわかります。しかし、地図を見ないでそこを通り過ぎてしまうかもしれません。文章で「分岐点を右に入る」と書いてあれば、そこで地図を見て右へ入るでしょう。「この分岐点で誤って直進する人が多い」と書いてあれば、そうしないように注意します。

最近は、**文章で細かく説明するタイプのルートガイドは、少なくなってきています。**地図や写真が多く、視覚的に見やすいほうが受けるのでしょう。文章が少ないので、ルートガイドとしての良し悪しも見分けにくくなりました。

「1回歩いただけの人」もルートガイドを書く時代に

もう少し、ルートガイドの話です。

昔なら、ガイド文を書くのは、そのエリアの精通者に限られていました。現在はちがいます。いろいろなタイプの著者がガイドを書き、そのルートを**1回歩いただけでガイドを書くことも珍しくありません。**

同時に、視覚的にきれいで見やすいコンテンツが追求され、ガイド文の内容はあまり問われていないように感じます。そして、多くのルートガイドが、遭難防止を最重要テーマとするものではなくなっています。

ルートガイドは遭難防止を考慮しながら書かれるべきものです。過去にルート上で転・滑落事故があった場所は、危険箇所として説明したほうがいいです。道迷い遭難があった場所がわかっているなら、迷いやすい場所として説明したほうがいいです。読者へルート上の危険箇所を知らせることは重要です。

しかし現実には、**遭難防止を意識して書かれているルートガイドは少ないと思います。危険情報もあまり書かれていない**ように見えます。まるで遭難のような暗い（重い？）内容にはふれたくない、とでもいうように。

登山をやっていくかぎり、遭難というテーマに無関係ではいられません。登山にはかならず遭難の危険がともなうものですから。かつて山を始めた初心者は、先輩に技術を教わると同時に、山の危険の見方、遭難防止への姿勢も教わってきたものでした。現在は、そういう「人から人へ伝承する経路」がありません。

ルートガイドに遭難情報や危険情報が書かれていたなら、登山者・ハイカーはそこから山の危険を知り、何らかの心構えをもてるでしょう。しかし、著者がエリア精通者でないことには、その種の情報も知らないので書けないでしょう。

雑誌やガイド本のルートガイドを見ても、ネット情報を見ても、「山に行こうよ！」と誘いかける多くの情報が並んでいる一方で、ルート上の危険を知らせる情報はほとんどない、または見つかりにくくなっています。**多くの登山者・ハイカーは、危険への知識がないまま、山へ出かけています。**

ここでも遭難多発の素地が一つ、つくられているのだと思っています。

山岳県が「グレーディング」を始めたやむにやまれぬ理由

ルートガイドには「**グレード**」（難易度）がつけられている場合があります。ルートの難しさを表示して、**登山者・ハイカーに、自分のレベルに応じたルートを選択してもらおう**というものです。これは明確に、遭難防止対策のために行われているものです。

登山ルートのグレードは、**体力グレード**と**技術グレード**の2種類で表示していることが多いです。『ワンゲルガイドブックス』（山と溪谷社）の例を紹介します。

体力度 ★　＝1日のコースタイムが3時間程度（標高差、日程なども加味）
★★　＝　〃　6時間未満（　〃　）
★★★　＝　〃　8時間未満（　〃　）
★★★★　＝　〃　10時間未満（　〃　）
★★★★★　＝　〃　10時間以上（　〃　）

技術度 ★　＝整備された散策路・遊歩道を安全に歩ける

★★＝指導標の整った安全な登山コースを歩く知識と経験がある
★★★＝初級程度の岩登りや雪上歩行の練習と経験がある
★★★★＝岩場や雪渓を歩くための基礎的な技術訓練と実績を積んでいる
★★★★★＝困難な岩登りや雪山を含む雪上歩行のトレーニングと経験がある

以上のほかに、総合的な難易度を初級、中級、上級の3段階で評価しています。適切なグレードを表示するのは良心的な姿勢といえます。ガイド本のなかにはグレード感覚がひどいものもあります。どうみても中級以上のルートを初級として掲載するなど、ルートガイドとして危険なものも見たことがあります。

グレードは遭難防止に役立つはずですが、遭難は減るどころか増加する一方です。**穂高連峰**などではグレードを見た登山者が、最難レベルのルートにあこがれて、どんどん挑戦してきました。なかには明らかに実力不足の登山者も多数いるのが現状です。**グレード表示が逆に登山熱をあおる結果になっていたのです。**

遭難増加で困っていた長野県は、登山者のグレード感覚に問題があると考えたのでしょう。２０１４年、独自に「県内登山１００ルートのグレード一覧表」を公開しました。そして、「〝自分に合った山選び〟により、登山を安全にお楽しみ下さい」と呼びかけました。

◎6県合計で546ルートをグレーディング

グレーディング発表後、長野県は新潟・山梨・静岡県にもグレーディングを呼びかけ、同じ基準での4県合同グレーディングが実現しました。さらに2016年には岐阜・群馬県も加わりました。現在、6県で合計546ルートをグレーディングしています。

グレードは体力度が1〜10の10段階、技術的難易度がA〜Eの5段階です。体力度は山本正嘉氏（鹿屋体育大学）が考案した計算式に基づいて評価しています。技術度は「登山道の状況」と「必要とする技術・能力」の要素別に、細かく基準が決められています。

左ページに、長野県のグレード表の左下部分を掲げました。2Aの「高尾山（表参道）」「高尾山（琵琶滝）」の2つは県外の山ですが、比較参考として掲載されています。1A、2Aの山・ルートは、初心者がすぐに行っても、ほとんど危険のないものです。左下から右上に向かうほど、グレードが上がっていきます。

6県合同によって、中部地方（富山県を除く）の主要な山がカバーされました。既成のガイド本やネット情報などでは、あまり遭難減少には効果がありません。そんななかで、**「これで遭難を防止してほしい」**というメッセージを発信したものと思います。

長野県が公表した「信州 山のグレーディング」(一部を抜粋)

数字が大きくなるほど体力が必要

体力度		A	B	C
7	1~2泊以上が適当		42 木曽駒ヶ岳(伊那スキーリゾート) 95 真砂岳(高瀬ダム)<湯俣> 74 縦　燕→常念(中房温泉・一ノ沢)	26 奥穂高岳(上高地)< 41 木曽駒ヶ岳(木曽駒荘)
6	1~2泊以上が適当		36 鹿島槍ヶ岳(扇沢) 90 舟窪岳(七倉) 76 光岳(易老渡)	34 縦　鹿島・爺(大谷原 71 縦　蝶ヶ岳・常念(上高地・一ノ沢) 89 聖岳(聖光小屋) 35 鹿島槍ヶ岳(大谷原 99 鑓ヶ岳(猿倉)<鑓温 45 縦　木曽駒→空木(千畳敷・ 19 空木岳(駒ヶ根高原
5	1泊以上が適当		46 北葛岳(七倉) 43 木曽駒ヶ岳(桂小場) 60 常念岳(三股) 63 白馬岳(栂池) 18 硫黄岳(麦草峠)	40 木曽駒ヶ岳(アルプス山荘 72 縦　蝶ヶ岳・常念(三 101 横岳(稲子湯) 38 縦　唐松・五竜(八方池山荘・ 32 餓鬼岳(白沢登山口 51 五竜岳(アルプス平
4	1泊以上が適当	49 経ヶ岳(仲仙寺)	92 前掛山(浅間登山口)※1　※3 102 蓮華岳(扇沢) 59 常念岳(一ノ沢) 88 針ノ木岳(扇沢) 55 爺ヶ岳(扇沢) 16 硫黄岳(本沢温泉) 93 前掛山(車坂峠)※1　※3 52 小蓮華岳(栂池) 75 燕岳(中房温泉) 73 蝶ヶ岳(三股)	62 白馬岳(猿倉) 5 周　赤岳・横岳・硫黄 24 烏帽子岳(高瀬ダム)<ブ 79 天狗岳(本沢温泉) 3 赤岳(杣添登山口) 12 阿弥陀岳(舟山十字 2 赤岳(美濃戸)<北沢・ 54 権現岳(観音平)
3	日帰りが可能		17 硫黄岳(美濃戸)<北沢> 8 四阿山(峰の原) 6 四阿山(菅平牧場) 7 四阿山(鳥居峠) 22 恵那山(峰越林道ゲート)<広河原登山口> 39 唐松岳(八方池山荘) 78 天狗岳(渋ノ湯) 33 風吹岳(風吹登山口) 77 天狗岳(唐沢鉱泉)<西尾根> 85 白馬大池(栂池) 29 御嶽山(田の原)　※3 15 硫黄岳(桜平) 28 御嶽山(飯森高原駅)　※3	37 金山(金山登山口) 4 赤岳(美濃戸)<南沢 64 仙丈ヶ岳(北沢峠) 11 阿弥陀岳(美濃戸)< 30 甲斐駒ヶ岳(北沢峠 9 雨飾山(大網登山口 10 雨飾山(小谷温泉) 13 有明山(中房)
2	日帰りが可能	83 根子岳(菅平牧場) 23 烏帽子岳(地蔵峠) 103 高尾山(表参道) 50 黒斑山(車坂峠)　※3 104 高尾山(琵琶滝)	14 飯縄山(一ノ鳥居苑地) 70 蓼科山(女神茶屋) 86 白馬乗鞍岳(栂池) 84 根子岳(峰の原) 69 蓼科山(七合目登山口) 68 蓼科山(大河原峠) 44 木曽駒ヶ岳(千畳敷) 97 焼岳(新中ノ湯登山口)　※3	
1	日帰りが可能	100 湯ノ丸山(地蔵峠) 25 大渚山(湯峠) 48 北横岳(ロープウェイ)		
		A	B	C

[凡例]
( )　登山口
<>　山名と登山口だけ
縦　入山口と下山口が
→　縦走の順
周　入山口と下山口は
数字　別紙「信州 山のグ

技術的難易度　(右になるほど難易度が増す)

道迷い遭難の多くは〝何でもない普通の道〟で発生

遭難の形態の一つとして「道迷い」があります。1章で説明しましたが、山の遭難で一番多く発生しているのが道迷い遭難です。

そして、3章「山の危険」についての説明では、道迷い遭難をわざとはずしました。道迷いが危険な場所について説明するのが難しかったからです。

山には迷いやすい場所があるのだと、多くの人は思っているでしょう。しかし、実際はそうでもありません。**道迷いは多くの場合、何でもないごく普通の山道で、登山者・ハイカーの不注意によって起こっている**のだと私は考えています。

わかりやすい例を紹介します。

2013年の夏、**富士山**では登山者が急増して、遭難も多発しました。そのなかで**「下山道まちがい」**が話題になりました。富士山には4本の登山ルートがありますが、**吉田ルート**と**須走《すばしり》ルート**は八合目で合流します。そこで、吉田ルートを登った人が、下りで須走ルートに入ってしまうケースが続出しました。あるデータによれば、7〜8月で452件1070人が下山ルートをまちがえ、その**8割以上が外国人**だったそうです。

これは典型的な「道迷い」ですが、無事に下山できているので遭難ではありません。しかし、ほかの山で同じミスをしたなら、道迷い遭難となる危険性は大いにあります。

下山道をまちがえた原因は、次のとおりでした。

①富士山に複数のルートがあることを知らなかった：69％
②下山道が途中で分岐することを知らなかった：16％
③途中で分岐することは知っていたが、分岐点の標識に気がつかなかった：6％
④分岐点の標識は確認したが、まちがえてしまった：1％
⑤その他、不明（本人もまちがえた原因がわからない）：8％

この例は観光客が多く含まれ、しかも外国人が多いです。だから日本人の登山・ハイキングには該当しないかといえば、そんなことはありません。

道迷いの大多数は、この程度のミスによって起こっていると思います。①②のように**情報収集や事前計画が不十分**か、③④のように**現地での情報確認（地図照合など）が不十分**であれば、思っていたよりずっとかんたんに、道迷いは起こります。

道迷いのきっかけは「分岐の確認ができていないこと」

山で道迷い遭難した人は、2015年には約1200人にのぼりました。なぜ、そんなに迷うのでしょうか?

登山・ハイキングの場合、雪のない季節であれば、登山ルートとなっている山道の上を歩きます。何らかの理由(ミス)により、自分で予定していた**登山ルートから外れて、ほかの山道や踏み跡へ入ってしまうのが道迷い**の状態です。

どこかの「分岐」から誤った方向へ入ったはずです。そこが道迷いの起点、きっかけになったポイントです。そして、ここが重要なところですが、その「分岐」が確認できていれば、絶対に迷うことはありません。確認とは次のことをさします。

①地図上の位置がわかる
②正しいルートの方向がわかる

逆に、どちらかが不明かあやしい場合には、ここから道迷いになる危険性があります。

それ以後の行程は、つねに道迷いを疑いながら歩かなくてはなりません。そして、疑わしさが増大していくようだったら、先ほどの分岐に引き返します。そうすれば、道迷い状態は解消します。それから、再度、正しいルートを検討します。

道迷いを防止できるであろう方法を書きました。かんたんではないでしょうか?

でも、おそらく多くの登山者・ハイカーは、このような作業を省略してやっていません。確認作業を行わずに「分岐」を通り過ぎると、ミスの出る危険性は高くなります。人間はミスをする生き物です。だから道迷い遭難が多いわけです。

道迷い遭難を防ぐために、登山者・ハイカーが行うこととしては、

・予定ルートを決めて、地図上でルートを確認しておく(計画を立てる)

・歩いているとき、地図上で現在地の照合をする

・「分岐」では、地図上の位置と、正しいルートの方向を確認する

じつは、ほかにも道迷いを起こさせるような問題点がいろいろあるのです。**山道・踏み跡が多すぎる、ルート上に「分岐」が多すぎる、地図の情報が誤っている、地図の情報が多すぎて読み取りにくい、**などです。

以下では、登山・ハイキングで重要な地図情報について考えていきましょう。

「国土地理院の地形図情報だから安心」は大間違い！

登山・ハイキングで使用する地図は2種類に分けられます。国（国土地理院）が測量して制作している地形図と、地図会社などが制作・販売している登山地図です。

地形図は、日本全国の全域について、2万5000分ノ1の縮尺で作られています。等高線がはっきりと見えるように表現された美しい地図です。国が作ったものなので、地形図に書かれたものは正確で信頼できるように思うでしょう。

でも、そうとばかりいえない部分もあります。地形図の短所をあげてみます。

・登山に関係する情報がほとんどない
・山名、谷名、地名などの表記が少ない
・等高線（自然地形）以外の情報は少ないか古い
・山道（徒歩道）の記載が少ないか不正確な場合がある
・林道、市街地などは情報が古く、変化している可能性がある

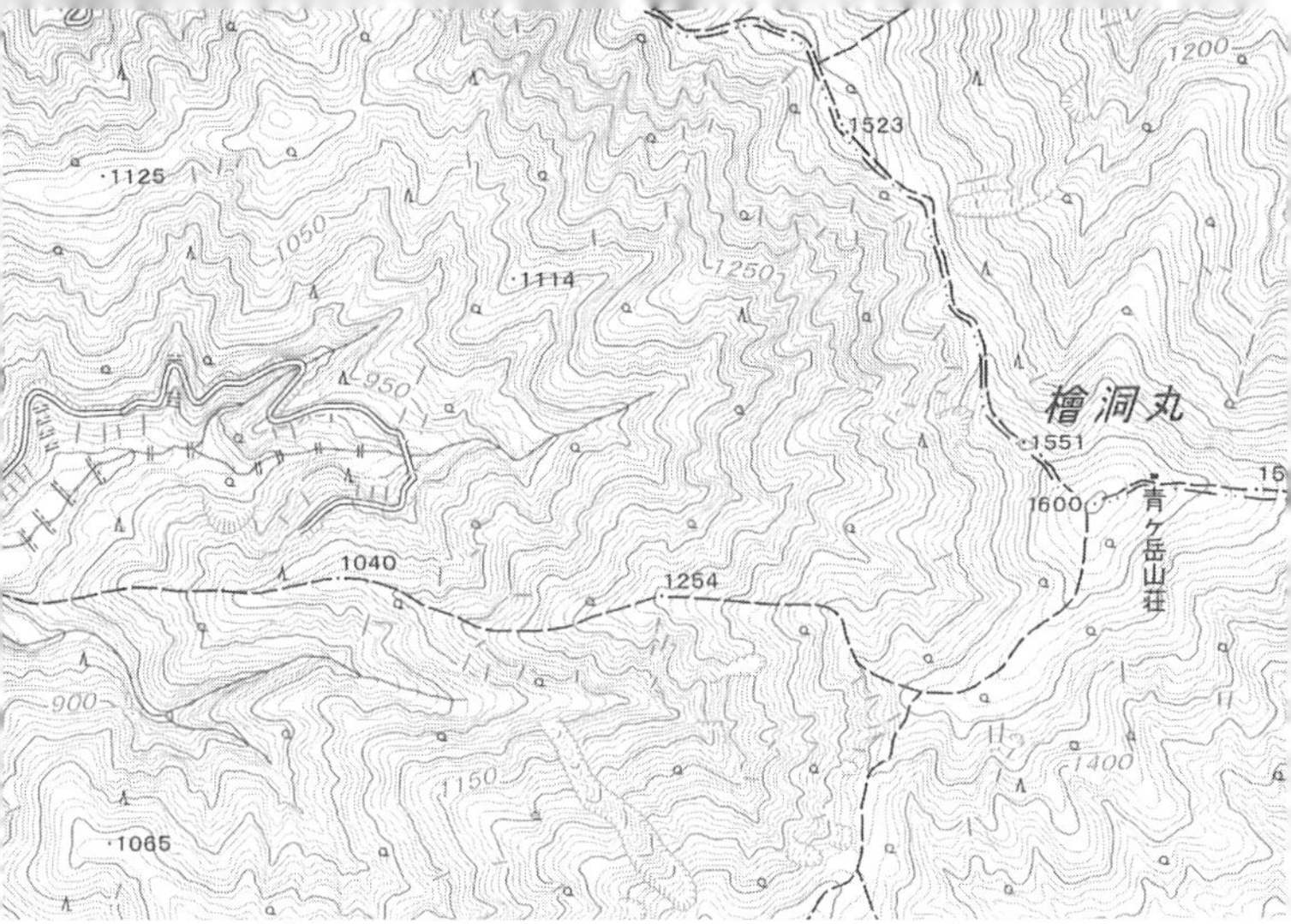

丹沢・檜洞丸《ひのきぼらまる》付近の地形図。地名表記が2カ所しかない

地形図は、地形（等高線）を正確に表現していることが最大の特徴で、そのために制作されているようなものです。それに対し、地形表現とは直接関係ない山名、谷名、地名、各種の道路などは、制作時点で判明したものしか記載されません。

そして、最も注意すべき点は、**登山道も正確でない場合がけっこうある**ことです。山道などは、航空写真撮影か現地調査を行って、データが取得されたものでなければ描かれません。紙の地形図は更新が十数年以上の間隔になりますので、地形以外の情報はかなり古い場合もあります。

地形図は、読図技術のある上級者が、短所を補いながら使う地図だと思います。

ビギナーでもすぐ使える「登山地図」の2つの欠点

これから登山・ハイキングを始める人は、登山地図を使ってみてください。道路地図で有名な昭文社の**「山と高原地図」**シリーズが標準的だと思います。

登山地図をおすすめする理由は、初心者でもわかりやすく、すぐに使えるからです。**せっかく地図・コンパスを持っていっても、使えないのでは意味がありません**から。

図面を見れば、地形図との違いは一目瞭然でしょう。登山道は太い赤線で一番目立つように描かれています。どういう経路で登り下りするか、予定ルートは赤線を組み合わせてすぐに設定できます。予定ルートを設定するのとほぼ同時に、「登山ルートを地図上でたどって確認する」という作業が1回、完了しています。

登山ルートを軸にして、その周囲に詳細な登山情報が記載されています。山名、谷名、地名も詳しく書かれています。さらに、ルート中の見所、注意点、危険箇所などの情報もあります。**登山・ハイキングに必要な情報が網羅されているといっていいでしょう。**

丹沢・檜洞丸付近の登山地図。情報がとても多い

ほめすぎのような感じですが、この地図にも欠点があります。**等高線が見えにくくなっていること、縮尺が小さいこと**（5万分ノ1程度のものが多い）の2点です。

登山地図は、情報の記載部分がじゃまになって等高線がよく見えません。そして、縮尺が小さいため、等高線の曲がり方と地形とを対比させて行う「地図読み」が難しいです。「地図読み」をするには、最低でも縮尺2万5000分ノ1以上の地図でないとやりにくいです。

でも、「地図読み」は、興味がわいたときに挑戦すればいいでしょう。それよりも、**まず、地図（スマホ地図でなく）とコンパスを持っていくことが重要なのです。**

「地形図・登山地図に書いてない分岐」がたくさんできている

「登山地図には必要な情報が網羅されている」といいました。しかし、例外的に書かれていない情報があります。それは「登山・ハイキングに関係ない山道」です。

これには、二つの考え方があると思います。一つは、**メインルート以外の道を記載するとそこを歩く人が増えて、ルートが複雑化し山も荒れます。**だから、メインルート以外の道をむやみに公開すべきではないという考え方。

もう一つは、メインルート以外の細い道や踏み跡も、上級者が歩く「バリエーションルート」の対象です。だから、できるだけ詳細に網羅して掲載したいという考え方。

私自身は、ルートガイドを書く人、登山地図を制作する立場の人は、前者の考え方であって欲しいと思っています。理由は山が踏み荒らされるからです。所有者・管理者がいる山に登山者がつぎつぎに入り込んで、あちこちに踏み跡をつけてゆくような行為は、地元の人にとって迷惑ではないでしょうか？　数少ないメインルートに限って、昔から登られてきたという理由で特別に許容されているのでしょうから。

都市近郊のエリア、関東の場合なら奥多摩、丹沢のような山では、**「バリエーションルート」が流行し、メインルート以外のルートがたくさんできています。**それらのルートは、地形図はもちろん、登山地図に書かれていないものが多くあります。そして、その踏み跡に引き込まれて迷うという道迷い遭難が、ときどき発生するようになりました。

山中には、林業関係はじめ山仕事で使う道、集落を結ぶ昔から歩かれてきた道、廃道化する途中の道、沢登りで源流から登山道へ出る踏み跡、岩登りの岩場へ登り下りする踏み跡など、いろいろな小道や踏み跡があります。

昔は、そのような道はメインルートよりも明らかに細く、見てすぐに区別できていたのでしょう。しかし、それらの小道・踏み跡がバリエーションとして歩かれるようになり、踏み込まれて普通の山道と同じに見えるぐらいになったため、登山者・ハイカーが迷い込むようになったのでしょう。

そういう**迷いやすい「分岐」が何か所もできているのは、けっこう危険な状況です。その「分岐」は、何しろ登山地図や地形図に書かれていないのですから。**初心者〜初級者のかたには少し酷ですが、「注意してください」と言うしかないのです。

「スマホのＧＰＳマップだけ」では危険すぎる

高価なＧＰＳはともかく、スマートフォンのＧＰＳマップを登山・ハイキングに使いたいと思っている人は多いことでしょう。

私の現在の結論をいうと、**スマートフォンをＧＰＳとして使うのはアリですが、地図代わりと考えるのは危険です。**また、**ハンディＧＰＳも地図代わりにはなりません。なぜなら、広い地図範囲を同時に見ることができないからです。**

広い地図範囲が必要なのは、現在のルートがどういう順序でどこにつながっているかということ、ルート全体のイメージを見たいからです。それも1本のルートだけでなく、第2のルート、第3のルートを見ながら検討ということもあるでしょう。そういう広い地図範囲を確認する操作が、ＧＰＳやスマートフォンでは難しいのです。できないこともないですが、スクロールのくり返しは相当なストレスになります。

初心者～初級者の人は、ＧＰＳやＧＰＳマップを持っていても、地図と同じように使うことはできないでしょう。小さな画面のＧＰＳやＧＰＳマップを見るには、あらかじめ**ルート全体の概念が頭に入っている**必要があります。地図を見なくても、その山域やルート全体の概念が頭に入っている上級者なら、ＧＰＳやＧＰＳマップだけでも、地図代わりに使えるかもしれません（でも、紙地図を使うより迷いやすいと思います）。

紙地図を持ったうえで、それを補助するものとしてＧＰＳ、ＧＰＳマップを使うなら、鉄壁の組み合わせになります。**ＧＰＳ、ＧＰＳマップは、現在位置が一発でわかります。**いささかマヌケなやり方にも見えますが、紙地図を広げてその現在位置を照合すれば完了です。これでもう、道に迷うことは絶対にありません。

紙地図とコンパスは軽量で、電池切れも故障もなく、登山・ハイキング用としてベストな装備です。それに対し、ＧＰＳやスマートフォンの地図機能は付加的なものです。新しくてスマートなように見えても、アナログの紙地図にかないません。

登山経験の長いベテランのかたで、いま、スマートフォンの地図だけで登山をしている人がたくさんいるでしょう。気持ちはわからないでもないですが、道迷いの危険を甘く考えていると思います。**初心者～初級者のかたは、そういうベテランに影響されずに、正しい地図とコンパスを持って山へ行ってください。**

5章
「疲れない・転ばない歩き方」も
町とはこんなに違います

「苦しくならない歩き方」がある（平地）

登山をやったことがない人は、登山というと「きつくて、苦しいもの」というイメージがあるようです。足を運ぶのがきつくて、息が上がって苦しいわけです。

きつくて苦しいのは、そうなるような歩き方をしているからです。できるだけ、きつくなくて、苦しくならない歩き方を考えてみましょう。

まず、平地の歩き方から。背筋をしっかりと伸ばして、地面にまっすぐに立ちます。上半身が前後左右に傾かないようにしながら、次のように歩きます。

①前足を自然な歩幅で踏み出して、かかとから地面につけます

②前足のかかとから土踏まずへ踏み込み（ローリング）、後足のかかとが地面から離れます

③後足のつま先で軽く地面をけって（けり出し）、ひざを曲げ、前方に持ち上げます

歩くとき、体の重心は後方から前方へ運ばれます。重心の位置は、①前足〜後足の中間→②前足の上→③前足の少し前、というように移動していきます。

平地の歩き方（普通の歩き方）

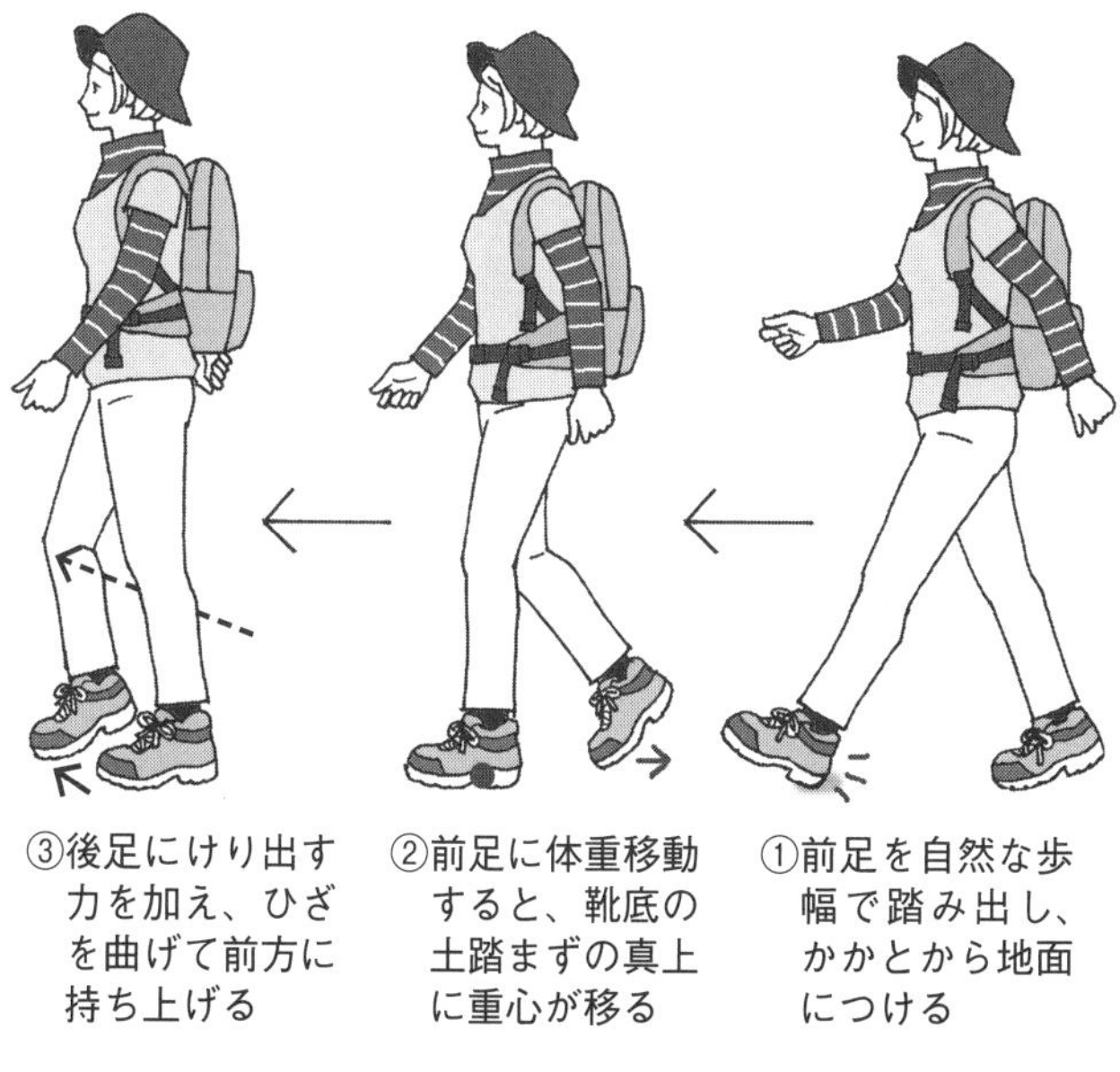

①前足を自然な歩幅で踏み出し、かかとから地面につける
②前足に体重移動すると、靴底の土踏まずの真上に重心が移る
③後足にけり出す力を加え、ひざを曲げて前方に持ち上げる

以上の歩き方は、町を歩く普通の歩き方とほとんど同じです。ただ、平地を歩くときに行う最小限の動作として、あらためて書き出してみたものです。

◎スリップを防ぐ歩き方

雨で濡れた道や、滑りそうな雪道を歩くことを考えてみてください。歩幅は狭く、歩き方も変わります。前に書いた②の「ローリング」、③の「けり出し」がなくなります。

①歩幅を狭くして前足を踏み出し、フラットに地面につけます
②前足に静かに踏み込んで荷重します
③後足をフラットなまま持ち上げて、前方に出します

「フラット」は平らという意味ですが、地面や路面に対して靴底が平行なことをさします。濡れていて滑りやすい場所を歩くには、前足を踏み出したとき、靴底全体をいっぺんに地面につけます。そして、すぐに体重を乗せて立ち上がります。一方、後足を持ち上げるときは、靴底全体をいっぺんに地面から離して持ち上げます。

スリップするのは、前足でかかとからローリングするときと、後足のつま先をけり出したときです。スリップを防ぐために、それらの動作をなくしているのです。

消費エネルギーを節約できる歩き方（登り）

ただ「歩く」ことなのに、ずいぶん細かく理屈をいうものだと驚いたでしょう。

ふだん、私たちは歩きながら、それ以外のこともいろいろとやっています。話す、考える、周囲を見る、音楽を聴く、スマートフォンを操作する、など……。

しかし、登山・ハイキングを安全に楽しむためには、**できるだけ不必要な動きをはぶいて、無駄なエネルギーを使わずに歩けるほうが有利**なのです。そのような歩き方は、「一定のペースで歩く」、「長い時間を歩き続ける」、「悪天候のなかでも安全に歩く」、「難所を落ち着いて通過する」というように、多くの場面で重要になってきます。

そのために、「歩く」ことを、最低限の基本動作として考えていきましょう。

次は、登山・ハイキングで最も重要な「登り」です。

背筋をしっかりと伸ばして、斜面に向かってまっすぐに立ちます。上半身が前後左右に傾かないようにしながら、次のように登ります。

①**前足を狭い歩幅**で踏み出し、靴底全体を**フラットに斜面につけます**
②続いて**腰を前に押し出すように**しながら、前足に体重移動します
③前足に体重が乗ってから、ひざを伸ばして立ち上がります。立ち上がるのと連続して、**後足を静かに（けり出さずに）持ち上げて前へ運びます**

前に、地面に対して靴底を「フラット」に置くことを説明しました。斜面の登りでは、靴底の置き方は全部「フラット」になります。

ゆるやかな登りでは靴のつま先はまっすぐ前に向けます。傾斜が強くなるにつれて、つま先を外側に開いてV字の形にして、靴底全体を「フラット」に地面につけます。

登りは、脚の筋肉（とくに太もも、ふくらはぎ）に大きな負担がかかる強い運動です。普通の歩き方をしたら、当然、すぐに疲れてしまいます。バテてしまいやすい悪い登り方とは、次のようなものです。

×歩幅が広すぎるため、腰が折れ、上半身がおおいかぶさるようなフォームになる
×歩幅が広すぎるため、後足のつま先でけり出さないと体重移動できない

歩幅を十分に狭くすることと、**息が切れないぐらいまでペースを遅くする**ことに注意します。そうすれば、楽に登れるようになるでしょう。

登りの歩き方

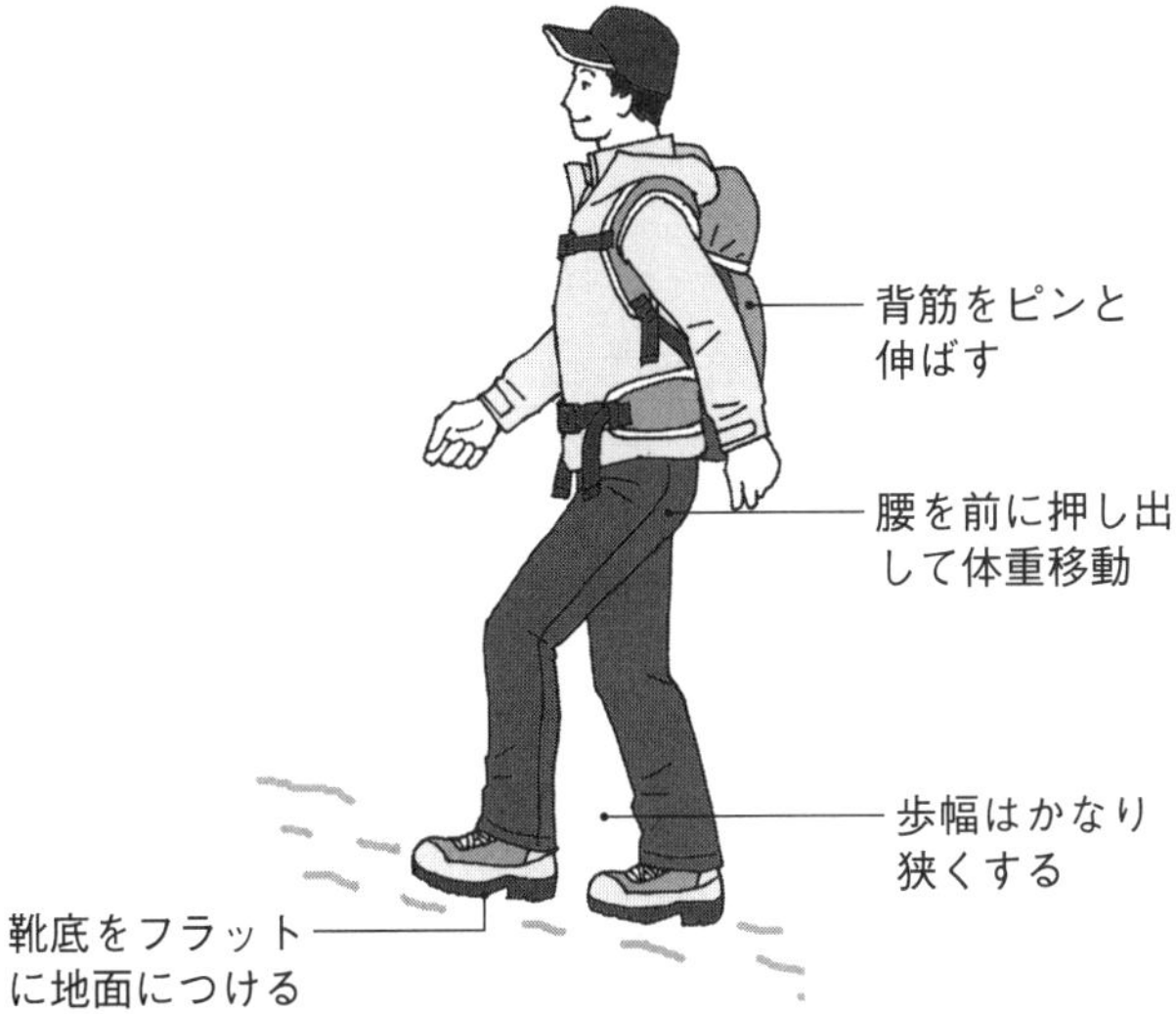
背筋をピンと伸ばす
腰を前に押し出して体重移動
歩幅はかなり狭くする
靴底をフラットに地面につける

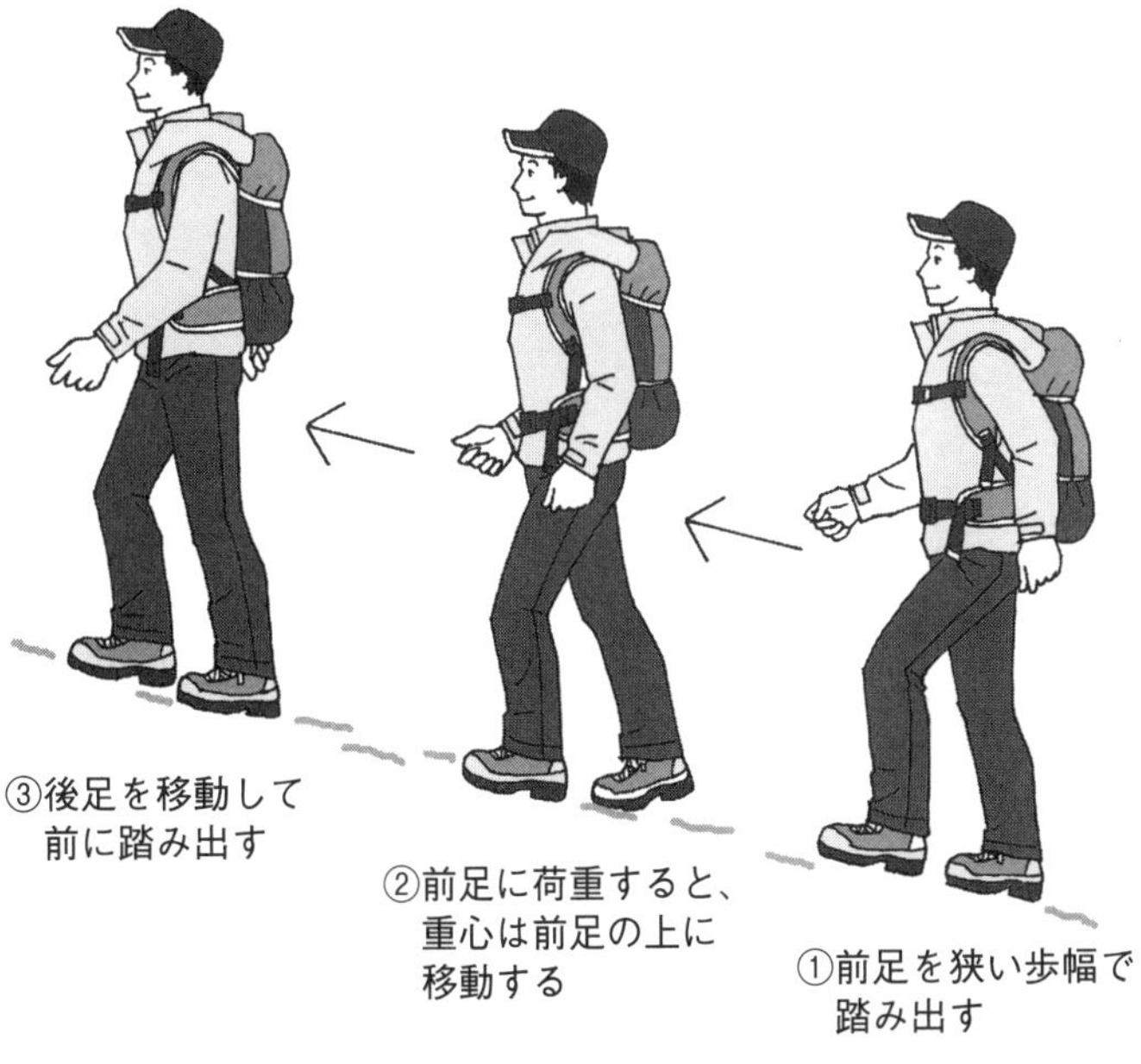
③後足を移動して前に踏み出す
②前足に荷重すると、重心は前足の上に移動する
①前足を狭い歩幅で踏み出す

最初の20～30分はウォーミングアップ

平地と登りについて、基本的な歩き方の説明をしました。

登山・ハイキングのルートは、最初に少し平坦な林道を歩いて登山口に着き、そこから登り坂になるパターンがよくあります。最初からいきなり急登が始まるルートは、比較的少ないように思います。

歩き方がわかればきつくない、などと書きましたが、山登りはやはりきついものです。そして、だれもが一番しんどいと思っているのが、最初の歩き出しなのです。そこで、歩き始めの30分は体を慣らす時間と考え、疲れていなくても1回休むということが、広く行われています。つまり、ウォーミングアップのようなものです。

初心者の人にとっては、30分は長くて本番と同じに感じるかもしれません。メンバーの経験やレベルによっては、もっと短く20分でもいいでしょう。とにかく、**歩き始めの20～30分で早めに休憩する**とわかっていれば、その日の行程が楽に始められます。

短めに休憩するのは、**コンディション調整**の意味もあります。靴ひもがゆるんできた、足に当たる所がある、ザックのベルトが合わないなど、少し歩いてみて不具合な所が見つかったら、最初の休憩時に直しておきましょう。

ウェア調節も、歩き始めからうまくできる人は少なく、少し歩くと1枚脱ぎたくなることが多いものです。汗をかくと体が濡れてよくないので、がまんせずにすぐ調節します。グループ内でも、ウェア調節のために声をかけて一時止まってもいいこと、歩き始めは20～30分で1回休憩することを、共通理解にしておきましょう。

ところで、本来のウォーミングアップですが、ガイド登山やツアー登山などでは、出発前と到着後（下山後）にはかならず準備運動をやっています。ストレッチ（柔軟体操）は動かしやすい部分から深く大きな部分へと進めるとやりやすいです。

①腕・肩→②わき腹→③ふくらはぎ・足首→④脚の後面→⑤脚の前面→⑥股関節

このような順番で**ストレッチのメニューを工夫して、パターンを覚えておく**といいでしょう。10分間ぐらいで体をほぐすことができます。

登る前のストレッチはケガの防止になり、下山後のストレッチは疲労を回復させます。休憩時にも疲れた部分を軽くストレッチすると、体も気分も楽になります。

「思いっきりノロノロ」でちょうどいい

ここでは、山を歩くペースについてお話しします。

ペースには、①歩く速度、②ピッチ（続けて歩く時間）の長さ、という二つの要素があります。そして、どちらも歩く本人が自由に決められます。

歩く速度は、かなり遅くします。どの程度かは説明するのが難しいですが、その速さで1時間程度は歩き続けられるのが理想です。そして、コースタイム4時間のルートなら、それを4回くり返して帰ってこなくてはいけません。

思いっきりノロノロと歩いてください。それでちょうどよいくらいになるでしょう。

平坦な道なら普通に歩く速さよりも**1・5〜2倍の時間を**かけて、傾斜によりますが、**登り坂は3〜5倍の時間をかけても、山を歩く時間としては遅くないはずです。**

気をつけたいことは、歩くときに**一定のペースを維持する**ことです。速くなったり、遅くなったり、寄り道したり、遅れたぶんを急いだり、というような歩き方では、ペースを維持できていないことになります。最終的に失敗する可能性が高いです。

道のコンディションが悪くなればペースが遅くなり、登り坂の傾斜が強まればペースが落ちるのは当然ですが、**一定区間ではだいたい同じペースを維持して歩きます。そういう歩き方が最も効率よく、疲れにくい歩き方になります。**

ピッチの長さについては、よく行われているのは、「50分歩いて10分休憩」、または「25分歩いて5分休憩」です。このピッチで歩いた場合、「10分÷50分＝0・2」「5分÷25分＝0・2」ですから、休憩時間を含めた合計時間はコースタイムのだいたい2割増になります。それに、お昼の大休止時間を加えると、1日の行動予定時間になります。

ただし、時間きっちりで歩く必要はないですし、それでは登山・ハイキングがお仕事みたいでおもしろくありません。だいたい50分、だいたい30分ということで、やはり山頂、峠、分岐点、水場など、休憩によい場所で区切るのがいいと思います。

山では、いつもゆっくりとしたペースで歩いたほうがいいです。そうしながら、できるだけ**一定の歩幅、一定の姿勢、一定の動作で、一定時間のピッチを歩きます。**

もちろん、それ以外に何もするなというのではありません。こうやって歩くのはベースの部分で、それを何時間も続けてゆくのが、登山・ハイキングなのです。

傾斜が急になったらペースダウンする方が長く歩ける

歩くペースは、当然ですが、登り坂の傾斜が急になるほど遅くなります。

平坦な道から登り坂にかかったら、意識的にペースダウンさせてやります。傾斜が急になったらさらにペースダウンします。

逆に、傾斜がゆるくなったら少しだけペースを上げます。このときに、ペースを上げすぎてオーバーペースにならないように注意しましょう。平らな道になったらリラックスして、自分の自由なペースで歩いてもよい、という感じです。

どれくらいのペースにするかは、個人差があるので何ともいえません。感覚的ですが、「少しだけきつい……」というあたりが、ほどよいペースです。**「少しだけきつい……」というペースで、少しだけがんばって歩き続けます。**

山の歩き方に慣れていない人は、道の傾斜が急になったら、それまでのペースを落とさないようにしながら、きつくてもがんばって登ろうとするでしょう。それではペースが長続きせずに、バテてしまうのです。傾斜が急になったらペースを落として、「少しだけきつい……」という状態を維持しながら歩くのが、じょうずな歩き方です。

また、急な登りが始まるところで休憩を入れるのもいいでしょう。そこで、気持ちを切り替えると同時に、歩くペースも切り替えてスローダウンします。

適度なペースを維持して歩くとバテないことは、運動生理学の理論でも確かめられています。バテないで歩き続けるということは、心拍数がある上限を超えないようにしながら歩き続けることです。この限界値を目標心拍数といいます。

個人差はありますが、平均的な目標心拍数を求める式は、次のようになります。

目標心拍数＝(220－年齢)×0・75

自分の目標心拍数を知っておいて、心拍数を測りながら歩くと、理論上はバテないで歩き続けられることになります。現在は腕時計式の使いやすい心拍計もありますので、実際に計測しながら歩いている人もいると思います。

しかし、心拍数を測らなくても、「少しだけきつい……」という状態を維持していれば、それは目標心拍数の少し内側で歩いているということなのです。

「1時間つづけて歩ける」がレベルアップのベース

ゆっくりと安定したペースで、**続けて1時間ぐらい歩き通せるようになったなら、山の歩き方は初級段階を卒業できたといえるでしょう。**

本格的な登山ルートになるほど、長時間歩き続けなくてはならない場面が出てきます。たとえば、ルート中に岩場、ガレ場、雪渓などがあると、そこを通過してしまうまで休憩はできません。ペースをダウンさせて長時間歩き続けられるように調節しながら、他方で転倒、滑落、落石の危険にも対処するという、難しい場面になります。

悪天候のときには、10分間休むだけでも、体温が奪われて危険な場合があります。そのようなときは、立ち休みなどでしのぎながら、風雨を避けられる場所に着くまでずっと歩き続けなくてはなりません。

そのような、**さまざまな悪条件にも対応できる「歩く力」のベースとして、やはり1時間ぐらい歩けるようになりたいものです。**

私たちも、山岳会のグループで行くときは、だいたい「歩行50分（休憩10分）」のくり返しが基本になっています。時間の計算がしやすいように、1時間ではなく50分にしています。ただ、あまりにも共通の了解事項になってしまい、途中で休みたくなっても言い出しにくいのが難点です。眺めのよいピーク、雰囲気のよい樹林帯、名前を調べたい花など、少し歩みを止めたいこともありますので。

「歩行50分（休憩10分）」ができるようになると、コースタイム8時間の本格的な登山ルートが無理なく歩けるようになります。

8時間の登山ルートの場合、休憩時間とお昼の時間を含めた合計行動時間は、約10時間30分になります。早朝5時に出発しても、単純計算で午後3時30分到着です。いっしょに歩くメンバー全員が「歩行50分（休憩10分）」のペースで歩けて、それを9ピッチくり返して続けられないと、8時間のルートを問題なくこなすことはできません。

8時間のルートは、登山のレベルで「中級」といえます。初級から中級にレベルアップするためには、1時間続けて歩けるという「歩く力」がとても重要なのです。

登山を始めると、コースタイムを縮めて速く歩くことに関心をもつ人が多いようです。それよりも、1時間続けて歩くことを意識して、練習してみてください。

休憩の意味と「休みすぎ」のリスク

休憩することの意味は、目標心拍数に近いレベルにまで上がった**心拍数を、いったん平常時まで戻して、体と気持ちをリフレッシュする**ことです。

歩行中はさまざまな危険要素もありますので、集中力、注意力を高めた状態で歩いていますが、休憩中は原則として安全な場所にいます。5～10分間という短い時間ながらリラックスして、山の風景や雰囲気を楽しむことができます。

同時に、休むことによって、できるだけ体力を復活させ、生理学的にいうなら血液中の疲労物質である乳酸値を下げたうえで、ふたたび次のピッチに向かうわけです。

このように、**歩行時間に規則的なリズムをつくるだけで、何時間も歩く登山・ハイキングを苦行や修行ではなく、楽しみのある時間としてすごすことができます。**

山の歩き方に慣れるまでは、どうしても歩いているときは苦しく、休憩中は楽しい時間と意識されるでしょう。そのため、ついやってしまう失敗が「休みすぎ」です。

適正な休憩時間は10分未満です。10分間では少し長いくらいですが、時間の計算がしやすいので、区切りのよい時間にしています。**10分間以上休んでしまうと体が冷える、**つまり、歩くためにウォーミングアップされていたのが、静止時の状態に戻ってしまいます。そうなると、次に歩き始めるのがつらく、おっくうに感じてしまうのです。

このように、「休みすぎ」は歩行のリズムとペースを乱すうえ、行程の遅れにもつながります。**休みすぎたために予定していた時間で歩けなくなり、最後のほうでバタバタになったりするのは、よくある失敗パターンです。**

休憩時間を楽しんでいるようすを見ると言い出しにくいですが、だれかがリーダーシップをとり「出発しよう！」と言って、次のピッチを歩き出すようにします。

疲労が回復できないレベルになっているために、ズルズルと長く休んでしまうこともあります。メンバーに疲労の色が濃いようなら、わざと20～30分間の大休止をとって体力の回復をはかるやり方もあります。10分間の休憩が結果的に延びてしまうよりは、大休止を決めてしっかりと休んだほうがいいでしょう。

ガイドが同行するツアー登山では、時間管理にはとても気をつかいます。行動時間が長いルートの場合は、午前と午後に1回ずつ大休止を入れたりしています。

休憩時に大事な「食べる」「飲む」など5ポイント

休憩のときは、**ただ腰を下ろして休んでいるのではありません。**体を休めるのも大切なことですが、休憩時にしかできないことがいろいろあります。しかも、登山・ハイキングをうまく続けるために重要なことばかりです。

①1枚はおる（体温調節）

真夏で暑いときなどは別ですが、普通の気温だったら、休憩に入ったらすぐにヤッケなどを1枚はおり、体が冷えないようにします。体が冷えるとそれだけ体力を消耗することになって、次の歩き始めがきつく感じてしまいます。

②食べる（カロリー補給）

エネルギー切れでバテるのを防ぐために、休憩のたびごとに少しずつ何か食べます。こうして食べるのを「行動食」といいますが、単品、水なしで食べられるお菓子類、木の実、ドライフルーツ、ソーセージなどが行動食になります。

ハイキングはそれほどでもないですが、登山はエネルギー消費の大きい運動です。**3度の食事だけではカロリーが追いつかない**ので行動食も食べるのです。ルートが長くてお昼の時間がとれない場合は、全部行動食だけということもあります。

③飲む（水分補給）

3章でもふれましたが、脱水症になるのを防ぐために、がまんしないで積極的に水を飲みます。のどが渇き、「水を飲みたい」と思うのは、すでに脱水状態になっているといいます。こまめに水を飲んで脱水状態を防ぐと、歩くのが楽に感じられます。

④装備の確認・調節

靴ひも、ベルト、ファスナーなど、ゆるすぎるものやきつすぎるものを直します。次のピッチが下りなら、靴ひもをきつく締め直したりします。

⑤山を見る／地図を見る（ルート確認）

休憩して、あらためて山々を眺めるのは、山歩きの楽しみです。同時に、現在位置を地図で確認し、次のルートがどうなっているかチェックしておきます。

このように10分間でいろいろとやることがあります。てきぱきとこなして、「休みすぎ」にならないよう注意しましょう。このようなことも山歩きの大事なコツです。

「うまく歩ききれない人」の2つのパターン

歩くことと休憩について、ずいぶん厳しいことを言ってきたかもしれません。けれども、登山・ハイキングでうまく歩けない人のほとんどは、計画の立て方がよくないか、歩行と休憩のペースができないか、どちらかのケースです。そのためにメンバーがバテたり、時間的に破たんしてしまうのです。

・無理のない計画を立てる（出発時刻、下山時刻を早めに設定する）

・一定時間歩いて5〜10分休憩という、基本のペースを守る

この二つができれば、登山・ハイキングは意外なくらい楽にできると思います。

そして、ここができているという条件でなら、いくつか山の楽しみを加えることもできます。まず、**お昼休み**は30分間ほどでも十分ですが、時間に余裕があったら1時間ほど、たっぷり休んでもいいでしょう。これだけの時間があれば、コンロを持ち込んで調理することもできます。軽くお昼寝なども可能です。

夏の高原ハイキング（長野県・霧ヶ峰）

可能ならお昼以外にも1回か2回、大休止の時間を入れましょう。そのときは何をしてもいい自由時間にします。食べたり、飲んだり、景色を眺めているだけでもいいでしょう。凝った写真を撮影したり、花の名前調べをするかもしれません。

とくに大休止しなくてもいいなら、下山してから温泉に寄ったり、観光めぐりをしたり、おいしいものを食べたりするのもいいでしょう。そういうことも、登山・ハイキングの楽しみの一部だと思います。

まず計画をきちんとして、基本の歩き方の部分をしっかりさせます。そのうえで、自由なアイデアを入れて、山をぞんぶんに楽しむといいでしょう。

ゆっくり、走らない、急がない（下り）

ここからは下りの歩き方です。平地や登りのときとは大きく異なります。

まず、下りのときは、**転・滑落の危険**があることを意識しなくてはなりません。平地や登りではバテないで長時間歩けるペースを意識しましたが、下りはペースよりも、**転倒しないことに最大の注意を払います。**

背筋をしっかりと伸ばして、下る方向に向かってまっすぐに立ちます。上半身が前後左右に傾かないようにしながら、次のように下ります。

①**前足を狭い歩幅で踏み出し、靴底全体をフラットに斜面につけます**

②**すぐ前足に荷重します。**後足は自然にひざが曲がります

③**後足を静かに（けり出さずに）持ち上げて前へ運びます**

このように、登りとほとんど同じ説明になりますが、実際の動作はかなりちがっています。それは、**前足を出して地面につけるのとほとんど同じタイミングで、体重移動（前足**

下りの歩き方

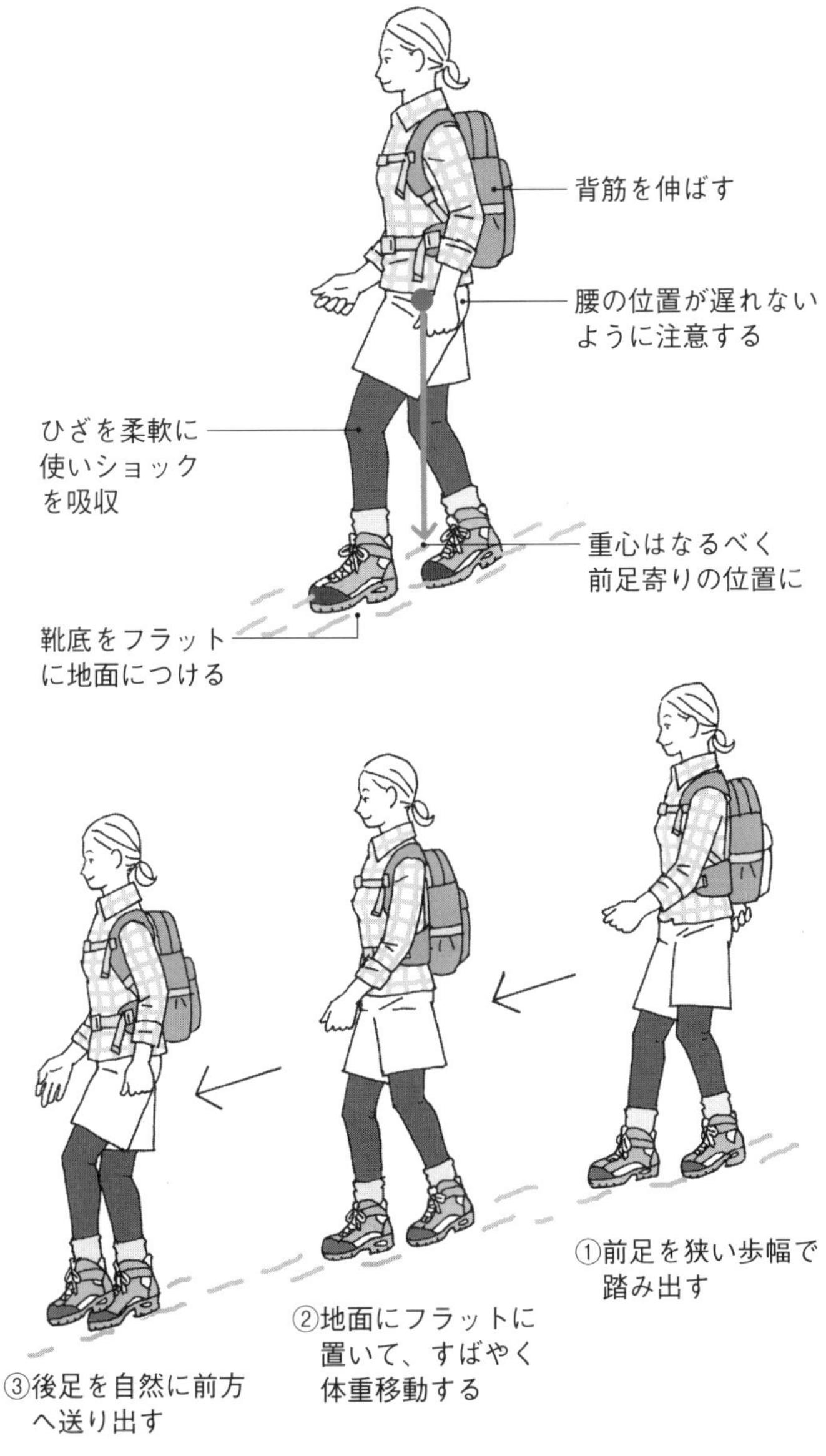

背筋を伸ばす
腰の位置が遅れないように注意する
ひざを柔軟に使いショックを吸収
重心はなるべく前足寄りの位置に
靴底をフラットに地面につける
①前足を狭い歩幅で踏み出す
②地面にフラットに置いて、すばやく体重移動する
③後足を自然に前方へ送り出す

荷重）もやってしまう点です。つまり、登りでは①と②に時間差がありましたが、下りでは①と②はほとんど同時といえるほど短時間で行われます。①と②の動作を時間差でやろうとしたら、何かにつかまるか、杖《つえ》を使わないと不可能です。

前足の踏み出し、体重移動、そして前足1本でバランスをとって立つという一連の動作は、転倒の危険が最も高くなる部分でもあります。3章で説明したように、転倒して斜面を転がり落ちていけば、それは滑落になります。

下りは登りよりも体力的に楽なので、**山歩きにかなり慣れた人でも、下りはやさしいと勘違いしていることがあります。しかし、下りの動作は平地や登りよりもずっと難しく、ルートの状況によっては転・滑落の危険をともなうものです。**

下りでも、一定時間下り続けて5～10分休憩するという、ペース配分は行います。しかしそれ以前に、転倒しないよう注意するために、十分な時間をかけて下ります。

元気があり余っている若い人などは、もうすぐゴールだと思って急ぎ足で下り、ときには小走りに下ったりもするでしょう。それは、ミスの起こりやすい最も危険な時間帯に、最も危険なやり方で下っていることになります。

走らず、急がず、山にいる時間を味わいながら、ゆっくりと下ってください。

状況がわるくなったらペースより安全を優先

登山・ハイキング中には、いろいろな状況が起こります。普通の山道を歩いているときには一定のペースを維持して歩きますが、危険な状況になったときは、どんなに時間がかかろうとも、安全に通過することが最優先になります。

登山ルートで出会う危険な状況とは、たとえば次のようなものです。

【岩場、ガレ、ザレ】 登山ルート上にある代表的な危険箇所です。転落、滑落、転倒、落石の危険があります。これらの場所では「**追い抜き禁止**」「**登り優先**」がルールです。落石しないよう気をつけますが、落石を見たら「**ラークッ！**」と声をあげて合図します。

【クサリ、ハシゴ】 岩場の難所に多く、ガレ場の一部にかかっていることもあります。一人ずつ通過（**クサリは支柱間に一人**）するのがルールです。

【雪渓】 雪渓上を通るルートは少ないですが、通る場合は雪渓全体が危険箇所です。通過するには滑り止めのアイゼンを使うか、**雪上歩行技術**を使います。

【急傾斜の下り】　下る動作でバランスをとることが難しく、**転倒、滑落の危険**があります。ストック（トレッキングポール）を使うと安全性を高められる場合があります。

【障害物の多い道】　浮き石が多い、木の根張りが多い、赤土で滑りやすい、落ち葉が積もって滑る、ササヤブが多いなど、いろいろな障害物があります。**転倒、滑落**のミスを誘われやすいので注意する必要があります。

【風雨、強風、雷雲】　悪天候のときは行動しないほうがいいです。**転倒、転落、滑落の危険**は倍増し、**落石**には気づきにくくなり、そのうえ**低体温症**の危険もあります。風雨・強風のなかの行動は細心の注意を払わなくてはなりません。雷雲が近づいているときは行動を中止して、急いで避難しなくてはなりません。

岩場、クサリ、雪渓などはルートの難易度の要素になります。ルートガイドで「初級」とされているルートは、こういう危険箇所はほとんど出てきません。何回か出てくるのが「中級」、ひんぱんに出てくるのが「上級」という感じです。

しかし、急斜面やいろいろな障害物は、どんなルートでも出てくる普通の状況です。急斜面の下りでは、歩きやすい良い足場を選びながらていねいに下ります。もろもろの障害物も、一つ一つ対応して避けながら通過します。

岩場と鎖場
・待つときは安全な場所で、登る人が通過するのを待つ（登り優先）。
・クサリは複数の人が同時に引っ張らない。
・間隔をあけないほうが前の人の落石を受けにくい。
・クサリに頼らず、よい足場を選んで登り下りする。

「歩いているときは、絶対に転んではいけない」

転倒遭難については、3章でも取り上げました。転倒による遭難者は全国で467人（2015年）。近年、大きく増え続けている遭難形態です。さらに、転・滑落遭難の計608人も、そのほとんどが転倒から始まっていると考えられます。

全遭難者のうち**約43％が、転倒したミスから遭難しているのです。**

「下りのときは、転倒に注意するように」と書きました。転倒事故、転・滑落事故は、多くが下りのときに起こっていますから、下りは最も注意すべきであるのはまちがいありません。しかし、登りでも、平地歩き、トラバースでも、転倒しないように注意すべきです。

歩いているときは、絶対に転んではいけない――これは登山の鉄則です。山では、どこにどんな危険が隠れているかわからない、人間の限られた知識では山の危険のごく一部しか知ることはできない、そういう戒めを含んだ言葉だと思います。

転んだときに、運悪く岩に頭を強打すれば重傷か死亡でしょう。がけの上から投げ出され滑落死した事例も何度もあります。少し打ち所が悪ければ意外とかんたんに骨折して、救助ヘリのお世話になってしまう、山はそういう場所です。

私が登山入門したときはアルピニズム全盛の時代でした。アルピニズムとは岩山や氷雪の山を登攀《とうはん》することをさします。つまり岩登りと雪山登山です。岩登りでも雪山でも、転倒することはすぐに滑落に結びつきます。入門して1年目から岩登りと雪山技術を教わりましたが、そのとき、**「絶対に転倒してはいけない」**と強く言われました。

もちろん、現代の登山はアルピニズムではありません。しかし、山の危険に対する鋭い感覚は、アルピニズムから少し学んだほうがいいと思います。

1000人以上の転倒＋転・滑落遭難があるということは、表面に出てきていない転倒した人（インシデント）が、その何十倍もあることを予想させます。何万人もの登山者・ハイカーが、今日もまた〝うっかり〟転んでいるのでしょう。

登山・ハイキングでも、「山を歩くときは、100％転倒しない」という意識をもつべきです。初級ルートを歩いているうちは危険は少ないですが、日本アルプスの高山などへ登るようになれば、日ごろから「転倒しない歩き方」を心がけて身につけてきたかどうかが、生死を分けるほど重要になるでしょう。

山道の周辺にたくさんある！ミスを誘う落とし穴

登山ルートの周辺には、いろいろとミスを誘う落とし穴があります。

まず、**浮き石**です。浮き石に乗って転倒、浮き石につまずく、または引っかけて転倒など、浮き石によるミスは多いです。浮いていなくとも、大きい石や、動かない岩につまずき、引っかけてケガをする例もあります。

次に、**木の根**です。登山道には木の根がたくさん張り出しています。木の根につまずく、木の根を踏んで滑る、切り株につまずく、踏んだ木の枝がはね返ってきたはずみでバランスを崩し滑落した例もあります。

岩も危険な障害物です。濡れた岩で転倒、滑落する事故はとても多く、危険な場所で滑落すると死亡事故になります。岩に足をはさんで転倒、または転倒したとき岩の間に足がはまって骨折というのも、よく起こっている事故のパターンです。休憩しようと腰かけた大岩が動いて転がり、足をはさまれて骨折する事故もありました。

クサリ、**ハシゴ**は危険な場所にあって、落石を受けたら逃げられません。鎖場からの滑落事故は多いですし、ハシゴ場で落石を受けて転落した恐ろしい事故もあります。

赤土・黒土の道はよく滑ります。ぬかるんだ道で滑って転倒、ぬかるみに足をとられてグギッとやって負傷、雨の中を歩いて泥で滑り転倒などの事故例があります。草陰に隠れていた穴に足がはまって、逆側の足を脱臼した事故例がありますす（なぜ不用意に道を外れて、草陰に入る必要があったのでしょうか？）。

以上は、一つ一つ危険を避けて歩かなくてはならない例です。浮き石、木の根、切り株、木の枝はすべて避けて歩きます。動かない石や岩は不用意にさわらず、足場をきちんと決めて、滑らないことを確認してから立ちます。濡れた岩はとくに注意し、水平な面にだけ立つようにします。赤土、黒土、泥の道は、「スリップを防ぐ歩き方」（124ページ）を参考に、しっかりと体重を乗せソールパターンを食い込ませて歩きます。

濡れた木道で滑って転倒、**落ち葉**を踏んで滑って転倒、この二つもよく起こっています。木道は水平な部分を選んで正確に体重を乗せて歩きます。落ち葉は裏側が濡れていて滑るものが多いです。斜面にのった落ち葉は踏まないようにし、水平に積み重なったものは、押さえつけるように静かに踏んで歩きます。

「つねに自分の位置を把握している人」になろう

登山ルート上にある、まったく別の意味の落とし穴、それは「**分岐**」です。

4章でもふれましたが、現在、全国で多く発生している**道迷い遭難は、分岐点を見落としたり、まちがえたりすることによって起こっています。**

奥多摩で遭難した男性Eさん（31歳）の例を紹介しましょう。Eさんは9月の第2日曜日、奥多摩で人気のある**鷹ノ巣山**《たかのすやま》（１７３７ｍ）に登りました。下りは登りとは別ルートで、**奥多摩駅へ直接出る石尾根ルート**を行くことにしました。12時に下山開始し、14時ごろ**六ツ石山分岐**《むついしやま》（道標あり）を通過しました。それからルートがわからなくなり、約2時間迷いながら下り続け、最後には沢に沿って下りました。完全に迷ってしまい、これ以上進めないと考えたEさんは、たまたま携帯電話が通じたので、16時12分、１１０番通報して救助を求めました。18時15分、山岳救助隊が到着してCさんは救助されました。

Eさんがまちがえたのは、**狩倉山山頂**の分岐でした。ここは、ほぼ直角に右に曲がらな

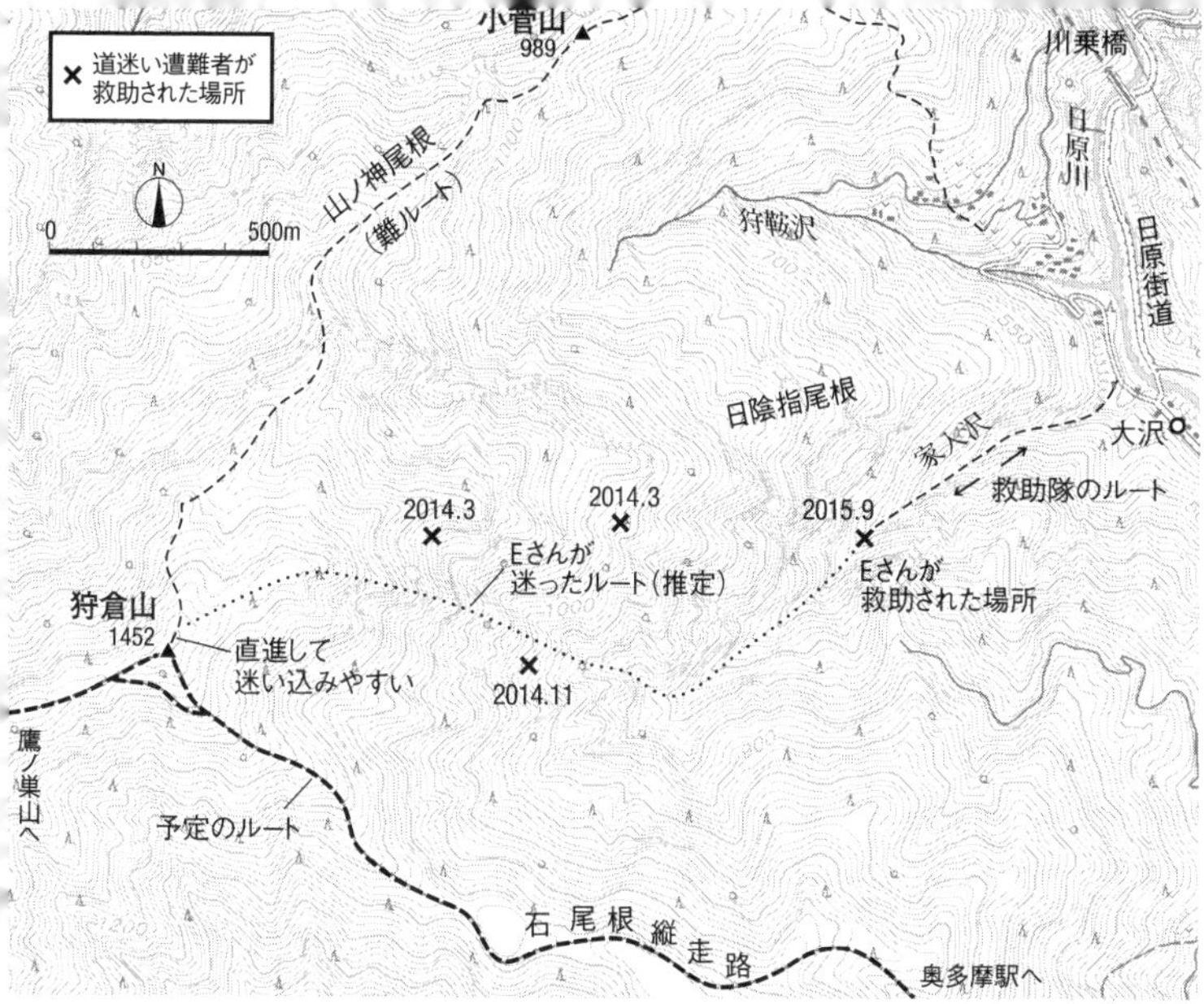

Eさんが迷った狩倉山と家入沢　（出典：『山と溪谷』2016年9月号）

いと石尾根ルートには行けません。ここを直進してしまったので**山ノ神尾根**に入り、石尾根ルートは右（東）のほうだという感覚があったので、**家入沢**《いやいりさわ》へ下りる支尾根に入ってしまったのでしょう。

ここは道迷い遭難が多発しているポイントの一つで、2014年にも3件の遭難が、同じ沢沿いで起こっています。遭難者が発見された場所が地図中の「×印」の位置です。家入沢は沢登りルートでもあり、沢を遡行《そこう》して登ってくる人もいます。迷い込んだ人と、沢登りをする人の踏み跡が、この周辺にはつけられているでしょう。

このように、複雑な踏み跡に引き込まれて、Eさんは迷ってしまったのでした。

◎道迷い遭難を防ぐ方法

奥多摩の山々には、普通の登山者・ハイカーだけでなく、さまざまな目的をもって自然を楽しもうという人々がたくさんやってきます。うすい踏み跡のルートや、廃道化している古い道などをわざわざ歩こうとする**「バリエーションルート」**もそうですし、沢登り、渓流釣りなどもそうです。それらの人々が入山して踏み跡を変化させ、複雑化しているのが、都市近郊の山の実態なのです。

道迷い遭難を防ぐためには、「ゆだんすると、すぐに分岐をまちがえてしまう」という難しい状況になっていることを、まず認める必要があります。

そのうえで、山を歩いているときには、30分以内の頻度で次の確認作業をします。

①地図を見て、現在位置を確認する

②地図を見て、次のピッチの予測をする

地図上での確認を30分以上やらないのはNGです。

現在位置が確認できなくなったら、すぐに引き返して、現在位置が確認できるポイントまで戻ります。理論的には、これを確実に実行していけば迷わないはずです。

◎なぜ戻れなくなるのか

道に迷ったとき、ほとんどの人は、迷ったことを認めようとしません。

「自分は迷うはずがない」「まだ迷ってはいない」と考えて、そのまま前進しようとします。このように、自分に不利な現実を認めない態度は、「恒常性《こうじょうせい》バイアス」または「正常性バイアス」といわれる人間の心の働きによります。危機が迫ったときでも冷静な心の状態を保って、適切な行動をとるための機能ともいえます。

しかし、道迷いではこれが完全に裏目に出ます。**迷ったときには、急いで引き返すのが最良の対応方法**なのです。迷ったことを打ち消して、そのまま前進すればするほど、ますます危機が深まってしまいます。

自分の経験をふり返って考えてみると、**10分進んでしまうと、戻るのは相当大きな壁のように感じます。20分進んでしまうと、引き返すのは不可能なほどに感じます。30分進むと「もう戻れない」と思うでしょう。**

Eさんのケースも「約2時間迷いながら下り続けた」のでした。登り返すことは考えられなかったのでしょう。道迷い遭難とは、そういうものなのです。

便利なストックの意外な注意点

登山・ハイキングでは、杖《つえ》を使うより、ストックのほうが便利かもしれません。山歩き用のストックは3段伸縮式のタイプが主流で、正式にはトレッキングポールといいます。両手に持ってダブルで使うのが、本来の使い方です。**歩行中にストックを使うと楽に感じます。**使い慣れるとやめられなくなります。体を持ち上げる脚力の一部を、腕力でサポートできます。また、体軸が前後左右に傾かないようにすることが、支点を1〜2個加えることで格段にやりやすくなります。

大いにストックをおすすめしたいところですが、一つだけ注意点があります。それは、ストックに頼って歩くのがクセになると、**脚力が弱ってしまう可能性がある**ことです。登りで使う太ももやふくらはぎの力と、体軸をまっすぐに維持する体幹力と、両方が弱くなったように感じることがあります。

荷物があまり重くないときは、登りや平地でストックをやめてみてはどうでしょうか。

ストック（トレッキングポール）を使って登る

ストックがないと歩くのが不安なら「黄色信号」です。脚力強化のために、登りだけはストックなしにしたほうがいいかもしれません。

ストックが一番有効なのは下りのときです。ストックで支えることで、前足の踏み出しと体重移動とを分けて、ゆっくりと下ることができます。転倒の危険も減らすことができますし、とくにひざ関節の負担を軽減するといわれています。

ストックが突かれる場所には穴があきます。高山植物帯のような場所で使うときはゴムカバーをするのがマナーです。最近、多くの場所でゴムカバーが推奨されているので、トラブルを避けるためにもカバーをやっておいたほうが無難でしょう。

6章

〝山のプロ〟ほど外さない服装・持ち物の選び方

服装──「暑い」「寒い」すべてに対応できる原則

山では暑いとき、寒いとき、風雨にさらされるとき、いろいろな環境があります。汗を流して登ることもあれば、冷たい風に縮み上がり、雨に濡れてガタガタ震えることもあります。それら全部に対応しなくてはならないのが山のウェアです。

登山用のウェアを選ぶためには、知っておくべき理論があります。

・速乾性、保温性、防水性、防風性といった「機能」をもったウェアを選ぶ

・基本的に、レイヤリング（重ね着）をして使う

これが、登山用のウェアを選んで使う大原則です。

速乾性というのは、ウェアが濡れたときに、短時間で乾く機能です。保温性は、ウェアの繊維の間に空気の層をつくって断熱し、体温を外に逃がさない機能です。防水性は、雨などの外側からくる濡れをシャットアウトします。防風性は、ウェアの繊維密度によって風が通らないようにしている機能で、保温性とも関係してきます。

テレビなどで見る登山者・ハイカーは、おしゃれなウェアを自由に着こなしているように見えます。でも、わかっている人なら、ちゃんとウェアの機能を考えて着ているはずです。そのことを説明しましょう。

◎レイヤリング(重ね着)とは?

登山では3種類のウェアを用意して、重ね着したり脱いだりして使っています。こうすることで、いろいろな気候・気象に対応できるのです。

3種類のウェアは、それぞれ少しずつちがった機能を分担します。

①ベースレイヤー=速乾性

下着です。いちばん下に着て、直接肌にふれるウェアです。素肌からは汗やムレの水分が出てウェアに吸収されますが、速乾性の高いウェアは水分を繊維の外に逃がしてやりますので、いつも肌がサラッとしてベタベタ感がありません。

②ミドルレイヤー=保温性/速乾性

中間着です。行動中に普通に着るウェアで、季節に応じてほどよい保温性のものが必要です。やはり速乾性の高い素材のほうが、登山では使いやすいです。

③アウター＝防水性／防風性／透湿性

普通はレインウェアがアウターになります。アウターは防水性／防風性のほかに「**透湿性**」という機能も重要です。これは**水蒸気のムレを通して外に逃がしてやる機能**です。透湿性のない、いわゆる雨ガッパのようなものだと、ムレが内側で結露するので、けっきょく体が濡れてしまうのです。

登山・ハイキングのウェアは、以上の3種類を脱ぎ着して使います。

暑いときはベースレイヤーだけで歩きます。下着といっても、Tシャツのように単体で着られるものにするといいでしょう。

普通の気温のときは、その上にミドルレイヤーを重ね着します。

寒いとき、強風のときは、アウターを重ね着します。

雨のときは、ベース＋アウター、ベース＋ミドル＋アウター、どちらかになります。

さらに、寒い季節や高山へ行くときは、**ダウンやフリースのような防寒着を1枚加える**といいでしょう。これは、ミドルレイヤーが2層になる考え方になります。

このほかに日ざしを避ける**帽子**は必携です。また、手を保護するための**手袋**をおすすめします。軍手でもいいですが、化繊素材の薄手のものが使いやすいです。

山歩きの服装

寒いとき

暑いとき

まちがってもジーンズで山に行ってはいけない

街着の代表格みたいなジーンズですが、登山にはまったく向いていません。

登山はスピードこそないですが、消費カロリーの大きい激しい運動です。スポーツの一種でもあると考えれば、ジーンズが不向きな理由も想像できるでしょう。

下半身に着るパンツ類は、何より動きやすさが求められます。デニム生地は厚ぼったく、重く、動きにくいです。ただでさえ苦しい登りに、足を持ち上げるたびにひざが突っ張り、それが長時間続くと大きな疲労感になってしまいます。

もう一つの理由は、素材がコットンだという点です。

コットンのウェアは登山に向いていません。コットンは吸水率が高く、水分をため込む性質のため、体を冷やして疲労させてしまうからです。体からは汗やムレ（水蒸気）が生じます。この汗やムレがコットンの繊維にため込まれると、ジトジト、ベタベタとしたいやな感じとなって、皮膚表面から体温を奪い消耗させます。もちろん、雨などで濡れた場合には生地全体がべったりはりついて、さらに最悪な状況になります。

ストレッチタイプのジーンズもあり人気があるようですが、コットン主体なのは同じですから、やはり登山には使いにくいと思います。

登山・ハイキングの専門店に行くと、ナイロン、ポリエステルなどの化繊素材のパンツが並んでいます。化繊・コットン混紡の製品もありますが、**登山用には化繊100％のものがおすすめです。薄手と中厚手の2本購入しておくと1年中使えます。**

最近は、ニューカラーのニッカーボッカーにロングソックスのスタイルも復活していますし、ショートパンツに機能性タイツというのも流行しています。**ひざ部分がフリーなスタイルは歩きやすいです。**

ウェア代を節約したいなら、いちばん使えそうなのは、体育の授業で使ったようなポリエステル100％のジャージパンツでしょう。動きやはき心地が楽で、乾きが早いことでも合格点です。ただし、生地が薄くて柔らかいので、外力からの保護性は弱く、突き出た枝やヤブなどに引っかかりやすいのが欠点です。

それと、若い女性や高校生が3本線のジャージパンツをはくのは、なかなかの感じもしますが、いい歳の成年男子にジャージはちょっと合わないかもしれません。

快適なウェアこそ安全なウェア

下半身にはくパンツと同様、山では上半身に着るシャツもコットンはダメです。その理由はジーンズのところで説明したのと同じです。

暑くも寒くもない気候のときには、ベースレイヤーとして半袖Tシャツなど、その上にミドルレイヤーとして長袖のシャツを着るのが平均的です。**ベースレイヤーは化繊素材で速乾性のもの、上に着る（ミドルレイヤーの）長袖のシャツも化繊素材で速乾性のものが理想的です。**

ここがコットンだと、汗やムレの水分がためられて発散されなくなります。ウェアはずっと湿っているか濡れた状態で体にはりつきますので、不快な感じが続きます。**ウェアが濡れて体が冷やされると、体温を維持するためにエネルギーを消費しますので、疲労したり、体調を悪くする原因になります。**

遭難ドキュメントで、遭難者の着ているウェアが生死を分けた、などという場面があるでしょう。悪天候にやられて極限的な状態になったとき、まさに**生死を分けるのが、ウェアが速乾性素材かコットンか**、という点になってきます。

ウェアの素材として、コットンは肌ざわりがよく着心地がいいという、すぐれた特徴があります。乾いていれば気持ちよく着られるのがコットンです。しかし、登山は激しく動いて汗をかき、雨にも降られますから、**濡れに弱いコットンはNG**なのです。

中間着（ミドルレイヤー）は、登山・ハイキングのウェアのなかでも選択の幅があり、おしゃれの楽しめる部分になります。ウェアのタイプでも、長袖Tシャツ、ポロシャツ、襟《えり》つきのボタンシャツ（いわゆる「山シャツ」）など、いろいろあります。

登山・ハイキングのウェアは、同じ化繊100％でも各社さまざまな素材が開発され、濡れても乾きやすく、不快感の少ないものが販売されています。また、最近は着心地を重視して、メリノウールなど天然素材を使ったシャツもあります。**ウールは速乾性ではないですが、濡れても冷たさを感じない素材です。**

最後に、節約したい向きには、トレーニングや作業用として販売されている、ポリエステル100％の安価なシャツやジャケットがあります。速乾性素材ですし、登山にも使えるとは思うのですが、お世辞にも格好いいとはいえません。

防寒は、ふだん着てるフリースやダウンでOK？

夏に低山ハイク（1500m以下）へ行くときは別ですが、それ以外は、ザックに防寒着を1枚入れていきましょう。とくに山で泊まる場合は必携のウェアです。

防寒着はもう1枚のミドルウェア（中間着）と考えています。寒いときに長袖シャツの行動着の上に重ね着しますが、それを着た状態で歩くことは少ないでしょう。お昼の大休止のときや、小屋・テント場などの宿泊地で、特別に寒いときに着ます。

そのほかに、遭難やケガをして歩けないなど緊急事態になって山で泊まるとき、防寒着とアウターを着て一晩しのぎます。これは、けっこう重要な使い方です。

防寒着にするウェアは、フリースかインサレーション（中綿《なかわた》）タイプが多いです。えりつきのジャケット、袖をなくしたものや、ベストタイプがあります。

①フリース

フリースは表面を起毛させたポリエステル100％の素材です。**速乾性が高い**ので濡れ

防寒着

フリースやインサレーション製品（薄手のもの）がよく使われている

〈フリースジャケット〉

〈ダウンジャケット〉
（半袖もよく使われる）

ても冷たさを感じず、汗やムレを排出して乾かしてくれます。反面、**風を通す**ので、風の当たる場所では寒く感じます。

薄手、中厚、厚手とありますが、登山には**厚手のものは使いません。**中厚のフリースは十分な保温性があって、使いやすいものの、かさばります。薄手のフリースは寒い季節の行動着にぴったりですが、保温力が弱めなので、それを補う工夫が必要です。

②インサレーション

ダウンインサレーション、化繊インサレーションの2種類があります。夏山用のものはどちらも薄手の製品です。**ダウンは濡れに弱い素材**で、濡れると保温力がなくなって使えなくなります。したがって、汗、ムレが出る行動中には使いません。

化繊は濡れに強いのが特徴です。ダウンよりもかさばって保温力も弱いのですが、最近は中綿素材の開発が進み、ダウンに対抗するものが出てきています。

フリースやインサレーションは街着としても売られていて、登山用よりもかなり安く買えます。ただし、機能的には登山用よりも劣るもので、フリースなどは着たときの保温力のちがいがすぐわかるほどです。街着として売られているものは、あまり標高の高くない山か、冬以外の季節なら、注意すれば使えると思います。

レインウェアは〝コンビニの雨ガッパ〟で代用できる？

レインウェアは、登山用ウェアのなかで最も重要な装備です。登山専用として作られたレインウェアは驚くほど高い機能をもっています。**作業用のゴム引き雨ガッパや、レジャー用のビニールガッパでは、とても代用できないのです。**

レインウェアの第1の目的は雨をさえぎる「防水性」ですが、それと同じくらい重要なのが「**透湿性**」です。防水性は水を通さないこと、透湿性は水蒸気を通すことです。

レインウェアの生地は、ゴアテックスに代表される**透湿性防水素材**のフィルムを中に貼り合わせていて、**雨水は通さずに、ムレ（水蒸気）を外へ排出する**ようになっています。この機能のため、レインウェアを着て歩いてもムレが結露することなくスムーズに排出され、ウェアが濡れずにすむのです。

全部のパーツにこの透湿性防水素材が使われています。フードの形、襟の大きさや立ち方は、雨が吹き込みにくいと同時に、視野が保たれるようになっています。ジャケットの前立てとポケットはフラップで二重に雨水を防ぎ、袖口《そで》も雨が入らないように絞って閉められます。パンツも前立てはフラップつき、ウエストはゴムのほかにコード（ひも）で絞ることができ、裾《すそ》もコードで絞ることができます。

見えない部分ですが、生地の縫い目の全部に、裏から目止めテープが貼られています。この目止めテープも透湿性防水素材です。

レインウェアは一つで防水、防風、防寒、透湿の四つの機能をもち、ガッチリと登山者の体を雨と風から遮断して、外気によって体温が奪われるのを防ぎます。風雨のなかで人間はそれほど長い時間は耐えられず、数時間のうちに低体温症となって死んでしまいます。それを防ぐのは、ひとえにレインウェアの機能にかかっています。

何万円もする高価な買い物になりますが、安全で快適な登山・ハイキングを楽しむために決め手となる装備です。最初の何回かはレンタルというやり方もありますが、できればしっかりしたレインウェアを入手してください。

レインウェアの**透湿性は、使う人の皮脂が生地につくことで劣化します。**洗濯して皮脂を洗い落とすと透湿性を回復させることができます。年に数回洗濯して、防水スプレーをかけて手入れをすると、長く使うことができます。

登山用のレインウェア

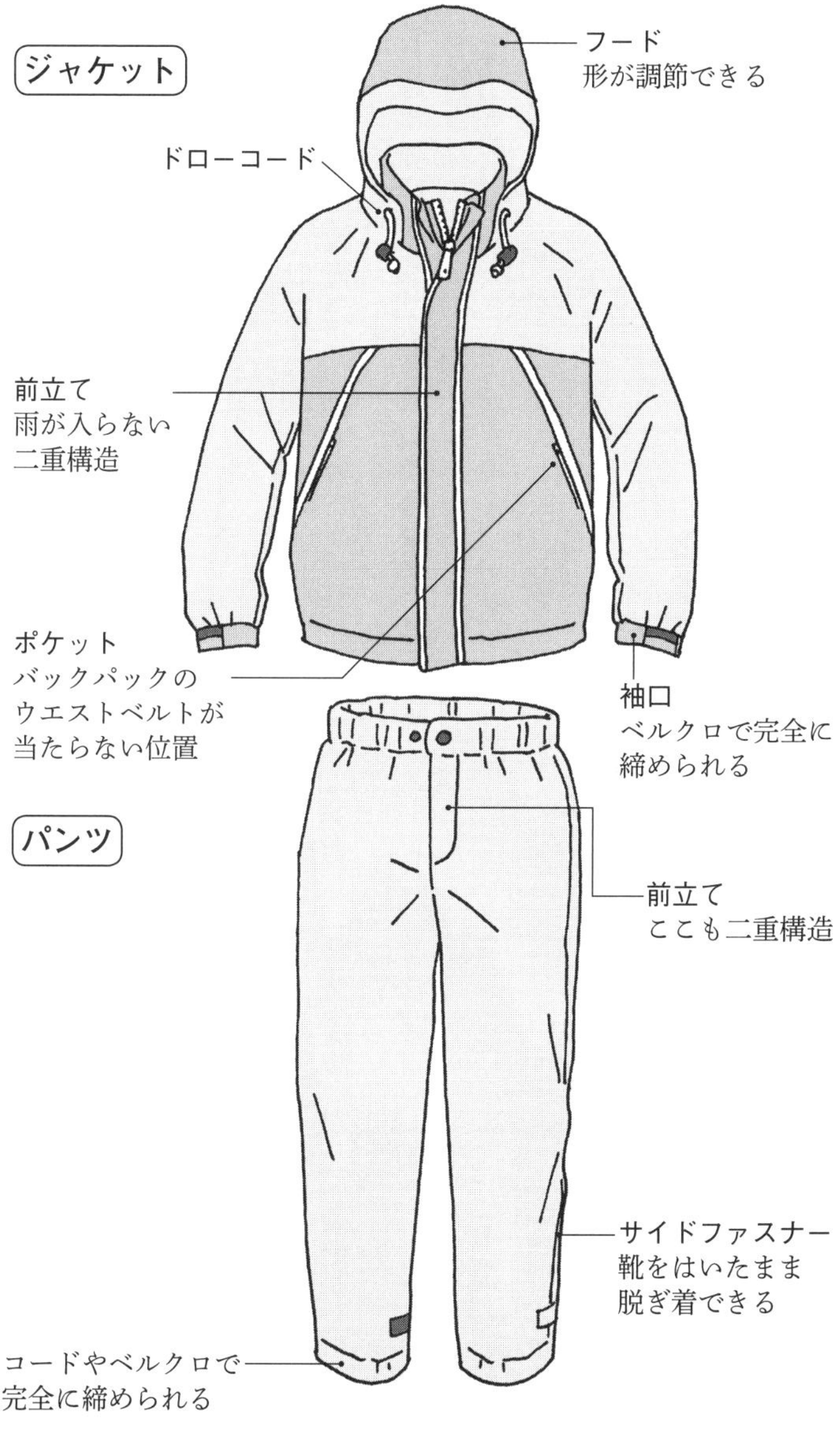
ジャケット
フード
形が調節できる
ドローコード
前立て
雨が入らない
二重構造
ポケット
バックパックの
ウエストベルトが
当たらない位置
袖口
ベルクロで完全に
締められる
パンツ
前立て
ここも二重構造
サイドファスナー
靴をはいたまま
脱ぎ着できる
コードやベルクロで
完全に締められる

失敗しない「靴とバックパックの選び方」

レインウェアと並んで重要な用具が、靴とバックパック（ザック）です。この三つは、三大登山用具と位置づけられています。

◎トレッキングシューズは山歩きを楽にする

登山・ハイキングに使う靴は、トレッキングシューズということが多いです。登山靴、軽登山靴、ハイキングシューズとは、あまり呼ばなくなりました。

雪のない季節の山を歩く靴は、だいたい左図の3種類に分けられます。靴底がソール、靴底以外の上の部分がアッパーです。ソールは普通のスニーカーなどに比べてどれも厚くて硬いですが、下から上の靴にいくにしたがってより硬くなります。アッパーは、下のローカットはジョギングシューズと同じくらい、ミドルカットは少し深くてくるぶしが隠れるくらい、ハイカットはふくらはぎの下くらいまでの高さがあります。

登山靴（トレッキングシューズ）

いろいろなタイプの登山を
したいのなら
ハイカットがよい

〈ハイカット〉

ミドルカット
はおもに
ハイキング用

〈ミドルカット〉

〈ハイキング向きのバックパック〉
（20～30ℓ）

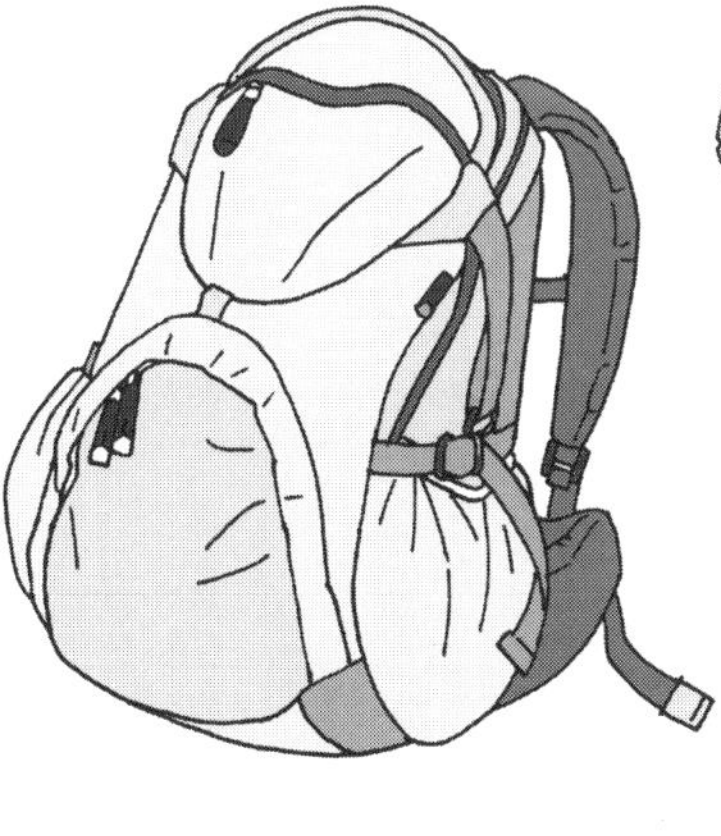

〈ローカット〉

ローカットは里山歩きや
トレイルランニングに

靴の形のちがいは、下から上にいくにつれて足の固定性が強く、足をガッチリ固定して保護できることを意味しています。別の説明をすると、下から上にいくにつれて、

①足首の固定が強くなるので、足が自由に動かしにくくなります

②足首がしっかり固定されるほど、不整地の悪路を歩くのが楽になります

ミドルカットは4～5時間行程ぐらいまでのハイキング用、ハイカットは本格的な6時間行程以上の登山や、2000m級以上の登山に適しています。ローカットはトレイルランニングなどで足を鍛えている人はいいですが、普通の人が山歩きで使うと、足が疲れてしまうでしょう。あまりおすすめしません。

トレッキングシューズは、**足に合っていること**がいちばん大切です。専門店に行って、実際にはいてみて選びます。試しばき用の靴下がありますが、自分の靴下を持参するか、その場で購入してもいいです。両足にはいて靴ひもを最後まで締め、そのへんを歩き回ってみて感覚を確かめます。よい店は坂道や岩場でのはき心地もわかるようになっています。

山では歩き疲れてくる後半に、足は少し大きくなります。**小さすぎるサイズにならないように**注意します。前後のサイズもはいてみるといいでしょう。店のスタッフに何でも聞いて、納得のゆく靴を選んでください。

◎お気に入りのバックパック（ザック）は山歩きを楽しくする

ザックは、昔ならリュックサック、最近はバックパックという人が多くなりました。上に雨ぶたがついて2本のストラップで開閉するタイプ（トップローディング型）と、ファスナーで上から横へ開閉するタイプ（デイパック型）の2種類があります。

20〜30ℓの小型パックはデイパック型が多いです。30〜50ℓの中型パックは一番用途が広く、日帰りから1〜2泊ぐらいまで使えます。60ℓ以上の大型パックはテント泊か長期登山用がメインになります。

これから登山・ハイキング用として長く使うバックパックを購入するなら、小屋泊まりにも対応できる30〜50ℓの中型を選ぶのがいいでしょう。**雨ぶたタイプで、多機能すぎず シンプルすぎない、ベーシックなものがいい**と思います。多機能なタイプ、シンプルなタイプ、どちらも使いこなしが難しい面がありますので。

レインウェアと靴にくらべると、バックパックはそれほど重要装備ではありません。だから、4〜5時間行程ぐらいのハイキングを何回か楽しむだけなら、とりあえず、自宅にあるパックで行ってもかまわないと思います。

専門店は①じっくり試せる②ネットより安い

三大登山用具をざっくりとご紹介しました。私の考えでは、重要度の順番は、①レインウェア→②靴→③バックパック、になると思います。もっとも、靴がいちばん大事だと言う人も多いかもしれません。

この**三大用具は、ぜひとも信頼できる専門店で購入したい**ものです。まずは靴を購入するために、思い切って専門店へ行ってみるのがいいでしょう。具体的にお店を紹介することは難しいですが、初めてだったら、比較的規模が大きくて有名な店へ行ってみるのがいいと思います。そういう店は大きく外れることはないでしょう。

ごく普通のレベルの靴は、1・5万～3万円ぐらいになるでしょう。どのあたりの山を登りたいか決めておいて、それを店員さんに伝えて相談してみましょう。靴の種類で「ローカット」をすすめられるようなら、ちょっといやな感じです。ローカットはせいぜい低山ハイクまでしか使えませんので、1500～2000mぐらいの山へ登りたくなったら、また靴を買わなくてはいけなくなるでしょう。まあ、予算がとれるのなら、何種類かの靴を持つのも悪いことではありません。

靴の種類を決めたら、サイズを出してもらって試しばきをします。いくつものサイズをはかせてくれるか、歩き回りを十分にできるか、坂道や石ころ道を歩けるようにしているかなどで、その店の姿勢がわかります。

靴を購入することは、登山者・ハイカーにとって何よりも重要なことです。**店員さんがマンツーマンでていねいに接してくれるのは、専門店ならではの強みです。**

そのときの専門店の感じがよかったなら、次の機会には、レインウェア、バックパックの購入を計画するといいと思います。高額な買い物はその三つです。

専門店に行くといろいろな情報がわかります。**並んでいる用具を見て回るだけでも現在の最先端の用具動向がわかりますが、**パンフレット、チラシ、掲示板などで知らせる情報コーナーや、登山雑誌のバックナンバーを読めるコーナーがあったりします。また、アウトレットコーナーが設けられている店もあります。

ちなみに、現在はネット通販でもほとんどのものが買えますが、**店頭では通販よりも安く買えるのが普通です。**専門店のほうでもそうしないと生き残れませんから。

人気を集めるレンタルサービス

登山用具は高価なものも多く、購入するにも事前知識が必要だったり、いろいろ大変です。そこで、とりあえずレンタル品で行ってみるのはどうでしょうか？

2010年ごろから**登山用具の宅配レンタルサービス**が始まり、初心者に人気があるようです。大手で有名なのは、「**やまどうぐレンタル屋**（Aとします）」「**アウトドアギアレンタル　そらのした**（Bとします）」の2店で、創業6年、4年になり実績があります。とくに便利なのは、登山セットを丸ごと借りられるメニューです。

・初心者まるごと6点セット……10500円〈1泊2日、往復送料込〉（A）
・シューズなし6点セット……10500円〈1泊2日、往復送料込〉（A）
6点セットは、シューズ、レインウェア、ストック、ヘッドランプ、ザック、ショートスパッツの6点で、シューズなしセットは防寒着（フリース）が加わります。
・はじめての富士登山セット……11480円〈1泊2日、送料別〉（B）

・はじめての富士登山セットライト……9980円〈1泊2日、送料別〉（B）

こちらの登山セットも、雨具、登山靴、スパッツ、ザック、ストック、ヘッドランプ、防寒着の7点で「ライト」は防寒着抜きですが、ザック、雨具、登山靴などはいろいろある種類から好きなものを選べるようになっていて、豊富なカラーのバリエーションが用意されています。**富士登山**のために利用する人が多いようですが、登山・ハイキング初心者からみると、なかなか魅力的なシステムではないでしょうか。

「やまどうぐレンタル屋」は、電話かネットで申し込み、合計5000円以上の場合は送料無料です。宅配便でレンタル品が送られ、返却も宅配便です。サイズが心配なときは、新宿店、河口湖店へ行って試着して申し込むこともできます。

「そらのした」は送料別の方式になっています。**富士山**の夏山登山シーズンには富士宮店が臨時オープンして、現地レンタルと返却ができるようになります。

ある新聞コラムで、レンタル品で登山をする人を「けしからん」と言っていました。私はそうは思いません。**専門家が選んだ安全な登山用具を使うことは、よい勉強になり、経験になる**と思います。また、レンタル店からはさまざまな登山情報が提供されて、利用者が学習できるように工夫されています。すぐれた登山入門のシステムにもなっています。

エマージェンシー用具は「使わないかも。でも重要」

あと二つ、登山で重要な用具を紹介します。

一つは**救急品・薬品のセット**です。山でケガをしたり、体調をくずしたり、病気になったときに、自分たちで対処するためのものです。

左にあげたのものは一例ですが、これだけあれば、いろいろなことに手当てできます。

テーピングテープは、外傷部位の固定や、細く切ってバンソウコウ代わりに使います。破れたものの修理にも使えます。傷は水で洗い、消毒して、ガーゼ、包帯、三角巾で手当てします。出血が止まりにくいときは**外傷用軟膏**を使います。

漢方薬の**芍薬甘草湯**《しゃくやくかんぞうとう》は足のけいれんにききます。**携帯カイロ**は足のけいれんや、患部を保温したいときに、**レスキューシート**も患部を保温・安静にしたいときに使います。

綿棒はゴミをとるときに、**ハサミつきのナイフ**もいろいろなことに使います。ハサミとナイフがないとけっこう困ることがあります。

心肺蘇生法（心臓マッサージと人工呼吸）、**AED**（自動体外式除細動器）、**骨折部位の固定法**について講習会などで学んでおけば、山でかならず役に立つときがあります。自分のためだけでなく、ほかのグループの事故に出くわして使うかもしれません。

救急セットの例

- □ 小型バンソウコウ
- □ 滅菌ガーゼ
- □ 弾力包帯
- □ テーピングテープ
- □ 三角巾
- □ 消毒薬
- □ 外傷用軟膏
- □ 虫刺され軟膏
- □ 防虫薬
- □ 芍薬甘草湯
- □ 綿棒
- □ 体温計
- □ 解熱鎮痛薬
- □ 携帯カイロ
- □ レスキューシート
- □ 小型ナイフ（ハサミ・トゲ抜きつき）

非常食はりっぱな必携装備

もう一つは、用具ではなく食料の一種で「**非常食**」といいます。

疲労困憊して、つまりバテきってしまったときに、少しでも回復して歩き続けるために食べなくてはなりません。そういう**ピンチのとき、これなら食べられるという自分の好物を2～3品用意しておく**、これが非常食です。

非常食は、行動食と重なる部分もありますが、水分の多いもの、流動性のもの、酸味のあるものなどが適しています。**ハチミツ**、**コンデンスミルク**、**甘納豆**などは、昔から非常食として利用されてきた代表的なもので、昔の登山記録や山岳小説にも出てきます。**ドライフルーツ**も向いていますし、重いですが**ゼリー飲料**も非常食に最適です。

私の場合は、行動食のなかに非常食に転用できるものをいくつか入れておいて、それを食べないで残しておくというやり方をしています。バテることがほとんどないので、非常食も最後まで残ることが多いです。

非常食として使える食品の例

非常食は「持っていったほうがよい」というものではなく、れっきとした必携登山装備の一つです。 歩けなくなるギリギリまでバテても、何とかして体力を復活させ、最後まで自分で歩こうというのです。

穂高連峰での遭難事例ですが、山荘の近くで80代の女性が疲れて腰を下ろしていたそうです。それを見た山荘のご主人が、警察に通報してヘリを要請しました。女性は救助・搬送されていきました。

山荘に入って休んで、それから下山することはできなかったのでしょうか？

「疲れただけで救助要請」という遭難が増えています。そうならないための小さな装備が非常食なのです。

登山用具は研ぎ澄まされた機能を持っている

この章では、登山・ハイキングに必要な装備についてお話ししてきました。帽子、手袋は必携とはかぎりませんが、それ以外はどんな登山・ハイキングにも必要な基本装備です。そして、このほかに、水筒、ヘッドランプ、地図、コンパス、時計を加えると、最低限必要な基本装備の全部になります。

このなかで、使う可能性は低いけれども用意しておきたいものが、救急セットと非常食でした。この二つはハイキングの場合は省略してもいいと思います。また、防寒着も、寒くない季節の低山ハイクでは省いてもいいでしょう。

それ以外のものは登山・ハイキングとも全部必携です。ヘッドランプは、手で持つハンドライトでもいいので、ハイキングでも持っていくようにしてください。

登山・ハイキングの用具は、それぞれ明確な使用目的があって、そのために研ぎ澄まされた機能をもっています。その機能を理解するのが重要だと思います。そうすると、必要な機能だけを選んでもち、不要なものをもたないという軽量化ができます。

用具のもつ個々の機能を理解して正しく使っていくことは、安全な登山・ハイキングをやっていくためにも大切なことです。

登山・ハイキングの基本装備

- □ 半袖シャツ（アンダーレイヤー）
- □ 長袖シャツ（ミドルレイヤー①）
- □ パンツ
- □ 下着パンツ
- □ ソックス
- □ 防寒着（ミドルレイヤー②）
- □ レインウェア上下（アウター）
- □ 帽子
- □ 手袋
- □ トレッキングシューズ
- □ バックパック
- □ 水筒
- □ ヘッドランプ
- □ 地図
- □ コンパス
- □ 時計
- □ 救急セット
- □ 非常食

状況によって役立つ装備

- □ スパッツ（ゲイター）
- □ ストック（トレッキングポール）
- □ サングラス
- □ ザックカバー
- □ 折りたたみ傘

7章

「出かける前の準備」で10倍楽しくなります

正しい山歩きの準備とは？

前章まで、「やってはいけない山歩き」を考えてきました。「やってはいけない山歩き」が、マナーの問題というよりも、山の危険に結びついて遭難を引き起こす要因になるということを感じてもらえたでしょうか？

最後にこの章では、山歩きをうまくやっていくために大切な「計画の作り方」についてザッとまとめてみたいと思います。

正しい山歩きの準備とは何でしょうか？　大げさに聞こえるかもしれませんが、それは**遭難防止を考えた計画を作る**ということです。

現実に、私自身が登山計画を作るときは、もちろん自分が行くための計画作りですが、最終的には「登山計画書」という書類に記載して、参加メンバーに配り、山岳会に渡し、登る山の地元警察に提出します。それは、遭難対策のためです。

皆さんは「自分が遭難するわけがない」と思うでしょうか？　残念ながらそうではあり

ません。だれでも遭難する可能性があります。私自身もいつか遭難するかもしれないと、けっこうビビりながら山へ行っています。

ちょっと話がそれました。

登山計画を立てるときに何より重要なことは、**メンバー全員が安全にこなせるルートにすること**です。そのためには、行こうとするルートの**グレード（難易度）と、日程（＝行動時間の長さ）の両面から検討する**必要があります。

グレードについては、各種のデータを参考にしながら、自分たちの登山・ハイキングの経験とつき合わせて真剣に検討してください。初めてなら★（入門）からです。★のルートを2～3回経験して余裕があるぐらいなら、次の★★（初級）へ行くことができます。

メンバーのうち初心者が一人でもいたら、やはり★からです。ただし、何人か中級以上の人がいてカバーする態勢がとれるのなら、一つ上のグレードができるかもしれません。しかし、このへんは非常にデリケートな問題なので、慎重に考えなくてはなりません。

1日の行動時間の長さは、初心者なら3～4時間、初級者なら5～6時間、中級者なら7時間以上～、というような感じです。いちばん弱いメンバーが〝少しだけ〟がんばれば歩けるような、グレードとコースタイムのルートに決めてください。

登る前に1日のスケジュールを決めておく

ルートが決まったら、**おもな地点の通過予想時刻を確認して、1日のスケジュールとして決めておきます。**このスケジュールは絶対的なものではありませんん。登山・ハイキングは予定時刻のとおりに歩けることは少ないですが、それにしても、全体として行程が遅れているかどうか判断するためには、元々のスケジュールがなくてはなりません。

たとえば、計画を立てるときに、山頂に「11時着／12時発」のように決めてあったらどうでしょうか。実際に12時に着いたとしたら、「1時間遅れた」という明確な判断ができます。お昼の大休止時間を30分に変更すると、遅れを30分取り戻せます。

あとの行程が長いのでヤバいと判断したら、大休止をとりやめ10分間休憩にして、食事は休憩時間ごとに分けてとる行動食方式でしのぎます。これで

9:10出発 高尾山駅（30分）→ 9:40/10:10 薬王院（20分）→ 10:30/11:00 高尾山（1時間）→ 12:00/13:00 城山（1時間10分）→ 14:20 相模湖駅

一気に遅れを取り戻せます。

スケジュールがなかったら、山頂に何時に着いても、あまり気にならないでしょう。流れでなんとなくお昼を食べ、「そろそろ行こうか……」と出発するだけでしょう。

スケジュールの決め方は、何も難しいことはありません。交通機関利用か、車利用かのちがいがありますが、まず何時に歩き始めるかを決めます。そこから、コースタイムを加算していくだけの作業です。8章で紹介する**高尾山**の例で説明します（右ページ下）。

ケーブル始発は8時ですが、乗車予定を9時にしました。（　）内のコースタイムを順に加算して、各地点に到着／出発時刻を記載していきます。**薬王院**と**高尾山山頂**は30分休憩、**城山**でゆっくり昼食、高尾山をゆったり楽しめる日程になりました。

高水三山の例も説明します（下図）。電車の時刻を調べて8時開始にしました。**岩茸石山**で、早めですがお昼です。コースタイム1時間以上の区間は、小休止時間を10分プラスしています。

8:00出発		9:40/9:50		10:25/11:25		12:05/12:15		13:40
軍畑駅	→	高水山	→	岩茸石山	→	惣岳山	→	御嶽駅
（1時間30分）		（35分）		（40分）		（1時間15分）		

15時までに下山できるスケジュールを！

1日のスケジュールを決めるとき、**15時までに下山できるように**考えましょう。遅くても16時が限度です。**16時を過ぎたら危険なゾーンと考えてください。**

「早立ち、早着き」という言葉を聞いたことがあるでしょう。安全のためにできるだけ早く出発して、最終的に早く到着するという、山で生きる人の格言です。

日没時刻は12月上旬が最も早くて、関東で16時30分ごろ、北海道で16時ごろです。日没後約30分は残照がありますが、それ以降はライトをつけないと歩けなくなります。

15時までに下山と聞いて、多くの人が「そんなに早くないとダメ？」と感じたかもしれません。しかし、15時というのは、歩けなくなる時刻のわずか2時間前です。

山中で2時間あれば、何かちょっとしたことができます。迷ったとき引き返しても、相当な距離を進むことができます。でも、**残り1時間というのは、その日の行動をあきらめて、一夜をしのぐ安全な場所を探さなくてはならない時間です。**

4:30出発 須走口7合目（45分）→ 5:15/5:25 本7合目（50分）→ 6:15/6:25 本8合目（1時間20分）→ 7:55/8:25 久須志神社［お鉢巡り1時間30分］→

10:25/10:35 下山口（1時間20分）→ 12:05/13:05 7合目（1時間40分）→ 14:55 須走口5合目

というわけで、15時に行動終了をめざすのは適正です。けっして早くはありません。

1日のスケジュールを1度設定してみて、下山が15時を超えてしまったときは、①出発を早める、②大休止時間を短くする、③予定ルートを見直して短くする、④ペースを上げてコースタイムを短縮して歩く――以上のどれかで修正できます。

富士山須走ルートの2日目のスケジュール設定を紹介します。吉田口頂上である**久須志《くすし》神社**と、最高点の**剣ヶ峰**で、30分の大休止を予定しています。下りの七合目ではお昼休憩が1時間です。朝6時ごろ出発すると下山が遅くなりますが、ご来光前後の時刻に出発すると15時下山に修正できます。

無理のない1日のスケジュールで、さらに15時までに下山できるように早立ちの時刻を設定すると、時間的にゆとりをもって山を楽しむことができます。

ルート中の難所を予想しておく

ここから先は、「ハイキング」や入門レベルのルートでは、あまり関係のない内容かもしれません。その場合は参考として読んでください。

ルートのアウトラインとスケジュールが決まったら、次は、**ルート中の難所や注意箇所をひととおり確認しておきたい**ものです。

難所とは、次のものをさします。

【自然地形で危険なもの】……岩場、ガレ場、崩壊地、急斜面、草付、雪渓

【設置物で危険なもの】……鎖場、ハシゴ、固定ロープ、桟道、吊り橋

ルート上にこれらが出てくる箇所を注意しておきましょう。地図のコピーに赤丸印などを書き入れ、それを持って歩くのがわかりやすいかもしれません。

何度か説明してきたように、ルート上の分岐点は道迷いの危険があります。難所とは別のものですが、分岐点にも注意しておきましょう。

最後に、天候の急変、メンバーの事故や体調不良など、何らかの理由で避難または下山しなくてはならないことを想定して、そのルートをあらかじめ設定しておきます。このようなルートを**「エスケープルート」**といいます。

エスケープルートの必要度が高いのは1泊以上の場合です。日帰りの場合は、たいてい「登山を中止して下山する（引き返す）」という形が、エスケープになります。比較的長い縦走ルートの場合は、エスケープルートがけっこう重要になります。

エスケープルートの条件は、安全に下れることと、短時間で下れることです。山が深い位置にあって短時間で下山できない場合は、とりあえず樹林帯などの安全地帯に逃げられることにも注目して決めます。

エスケープルートをあらかじめ決めておけば、現地で緊急事態になったとき、冷静にすばやく対応できることになります。また、エスケープルートは計画書に記載して届け出られるので、遭難捜索のときにも重要な情報となります。

以上で、ルート、日程、難所のチェック、エスケープルートが決まりました。持っていく装備は別個にリストアップします。装備表などを作っておくと便利です。

必要な情報がそろい、1枚の登山計画書にまとめるにはどうするかを説明しましょう。

登山計画書／登山メモって何？

登山計画書は、登山計画の内容と関連情報をまとめた文書です。メンバーにも配りますが、**計画書を書くいちばん大きな目的は、登山を届け出ることにあります。届け出先は、家族、職場、所属団体、警察（自治体）、以上のどこかです。**

登山計画書のひな型は次ページのようなものです。これは私が勝手に考えたものです。登山計画書は、一般的な必要事項が書いてあれば、形式はとくに問われません。提出者が自由に書いてもいいのです。登山計画書は次の項目を記載します。

①山名、ルート名
②代表者（氏名、生年月日、性別、血液型、現住所＋電話、緊急連絡先＋電話）
③参加者（氏名、生年月日、性別、血液型、現住所＋電話、緊急連絡先＋電話）
④日程・行動予定　※1日ごとになるべく詳しく書く
⑤エスケープルート　※緊急時の避難ルートなどを書く

登山計画書(届)

御中　　　　年　月　日　提出者：

山域 山名		登山形態			
担当	氏名/生年月日	性別	血液型	現住所/電話番号	緊急連絡先(間柄) 電話または住所
リーダー	年　月　日生	男・女		TEL：	TEL：
	年　月　日生	男・女		TEL：	TEL：
	年　月　日生	男・女		TEL：	TEL：
	年　月　日生	男・女		TEL：	TEL：
	年　月　日生	男・女		TEL：	TEL：

山行期間	年　月　日 ～　年　月　日	日間（ほかに予備日　日）
行動予定	月　日	
	月　日	
	月　日	
	月　日	
	月　日	
	備考(緊急時の避難コースなど)	

基本食料	昼食[　食分]　行動食[　食分]　朝・夕食[　食分]	予備食	食分
装備内容	衣　類	防寒着　レインウェア　着替え	
	一般用具	登山靴　ヘッドランプ　地図　コンパス　水筒　アイゼン	
	緊急対策用具	ツエルト　携帯燃料　救急用品　常備薬　携帯電話　無線機	
	宿泊用具	テント　シュラフ　シュラフカバー　コンロ　燃料	
	備考(その他重要装備など) 携帯電話の番号：　無線機のコールサイン：		

所　属：　有　無

※所属(山岳会など)がある場合、以下に記入。

団体名：

代表者：

住　所：

電　話：

救援態勢：　有　無

※救援態勢がある場合、以下に記入。

緊急連絡先：

住　所：

電話(昼)：

〃　(夜)：

⑥装備内容　　　　　　　　※携行品に○印を記入する
⑦食料内容　　　　　　　　※携行食数を記入する
⑧携帯電話番号、無線機のコールサイン
⑨所属団体　　　　　　　　※所属している場合に記入する

このように、けっこう細かい内容です。とくにメンバーの個人情報が細かく記載される点は抵抗感もあると思います。

遭難事故が発生したとき、いちばん重要な情報は、行動予定、エスケープルート、携帯電話または無線機番号、それからメンバーリストです。細かい個人情報を書きたくなかったら、**個人の生年月日、血液型、現住所を省略しても影響は少ない**かもしれません。

このひな型は項目が多く、けっこう書くのがめんどうかもしれません。左の、もう一つのひな型「**登山メモ**」は、**屋久島**で使われていたものです。メンバーは氏名・性別・年齢だけ書けばいいようになっています。これでも遭難対策には有効なはずです。

登山計画書のカンどころは、ルートと日程、行動予定を検討して決めなければ記入できない点です。これさえしっかり決まれば、あとは事務的に書けるものばかりです。ワープロソフトなどで1回作成すれば、上書きしてくり返し使えます。ぜひ書いてください。

登山メモ

記入年月日：	年　月　日　記入者名：		
団体名	なし		
代表者名	男・女　歳	TEL:	
代表者住所			
緊急時連絡先（自宅・勤務先等）		TEL:	
メンバー（氏名・年齢）	男・女　歳	男・女　歳	
	男・女　歳	男・女　歳	
	男・女　歳	男・女　歳	
	男・女　歳	男・女　歳	
目的地			
入山予定日時	年　月　日　時頃		
下山予定日時	年　月　日　時頃		
宿泊先予定	／		／
	／		／
	／		／
装備品（○で囲む）	登山靴・防寒着・雨具・ヘッドランプ・地図・アイゼン・ツエルト・ テント・シュラフ・コンロ・携帯電話(　) その他(　) ※食料：１人当たり　日分　行動食：有・無		

日程・コース等（できるだけ詳しく書く）	
／	
／	
／	
／	
／	
／	

登山メモ提出予定	登山口・警察署・その他(　)　提出しない

「コンパス」「ヤマタイム」「ヤマプラ」…ネットの登山計画書について

このような登山計画書を、私はかならず作成して山を登ってきました。

「ルート、日程、行動予定」を決めるところまでは真剣に検討します。あとは登山内容によって装備リストをチャチャッと取捨選択し、氏名、住所、電話番号、緊急連絡先などのデータをペーストすればでき上がりです。まったく難しくありません。

ところが、地元警察へ登山届を提出する人はとても少ないのです。記憶で申しわけありませんが、これまでは10～20％か、山域によっては10％にも満たないという感じです。そんななかで各エリアの地元警察や山岳救助隊では、登山届を提出してもらうことが山岳遭難を減少させる決め手なのだと、ずっと考えられてきました。

こんなにも敬遠されている登山計画書に、ここ数年、新しい流れが起こってきました。新しい「**ネット登山計画書**」の登場です。

日本山岳ガイド協会が運営する「コンパス」は、登山者やガイドなどが参加するSNS

です。ここでは**ＳＮＳで登山ルートを作成し、フォームに必要事項を入力して登山計画書を作成すると計画書提出となります。**同時に、同行者と緊急連絡先へ送られ、登山計画のURLが発行されます。URLは必要な人へ連絡して登山計画を共有できます。

下山後は下山連絡をする必要があります。届けた下山時刻を3時間過ぎると本人に下山未確認メールが送られます。以後、下山連絡があるまで2時間ごとにメールが送られ、7時間後には本人と緊急連絡者に未確認メールが送られます。

「コンパス」はしっかりとした遭難対策のしくみになっています。それだけに、登山計画書を作成するのもけっこう大変です。あらかじめ「ルート、日程、行動予定」の部分をしっかり検討して決めておかないと、うまく作成できないと思います。

「コンパス」は多数の県警・自治体と協定を結び、遭難発生時には警察が「コンパス」のデータを利用できるようになっています。登山者は「コンパス」に登山計画書を提出すると、これらの県警・自治体にも提出したものと取り扱われます。

ネットで登山計画書を作成するシステムは、**ヤマタイム（山と溪谷社）**、**ヤマプラ（ヤマレコ）**でもやっていて、計画書だけでなく幅広い登山情報サービスを展開しています。これから始める登山者・ハイカーのかたは、試してみる価値があると思います。

8章

ビギナーでも歩ける！
魅力たっぷりの名山6ルート

【4月】高尾山（東京都、599m）

若者や外国人にも人気の超定番ハイキング

登山者数が世界一多く、年間260万人もの人が登るという**高尾山**。2008年にミシュランガイドで三ツ星の観光地に選ばれてから人気がうなぎのぼり、今ではいつ行っても大勢の人でにぎわっています。

人気の理由は、何といっても自然が豊かなことです。1300種以上の植物、100種以上の野鳥、5000種以上の昆虫が生息しているそうです。温帯と暖帯の境界上に位置しているために、南面はカシなどの常緑広葉樹林、北面はブナ、ナラ、ホオノキなどの落葉広葉樹林、モミ、ツガなどの針葉樹林も見られ、植物の種類が豊富なのです。

そして第2に、老若男女だれでも気軽に登れることです。ケーブルカーかエコーリフトに乗れば山上まで簡単に上がれ、平坦で楽に歩ける表参道を約30分で**高尾山薬王院**《やくおういん》へ、さらに約20分で**山頂**です。この表参道を往復する場合だけは、ハイキング用の装備をそろえなくても、スニーカーなどの歩きやすい靴をはいて、自然散歩の気分で楽しんでもかまわ

春の高尾山、モミジ台のあたり

ないと思います。

高尾山には、表参道以外にも多くのルートが整備されています。高尾山自然研究路の名称で1号路から6号路まであって、1号路は**表参道**です。2～5号路は植物や森を観察するルート、6号路は涼しい沢沿いを登るルートで、途中に修験道《しゅげんどう》の行場《ぎょうば》である琵琶滝があります。このほかに、長い尾根上を行く**稲荷山《いなりやま》コース**があります。

いつ行っても楽しめる高尾山ですが、最も輝くのは、サクラやスミレが咲く春と、紅葉がすばらしい秋でしょう。サクラやスミレは山頂でも見られますが、さらに奥の**一丁平園地**まで足を延ばせば、高尾山の花の風景を満喫できます。

初めてハイキングをする人には少々冒険にな

ってしまうかもしれませんが、高尾山のサクラ開花情報をキャッチして、ぜひ高尾山山頂から**城山**まで足を延ばしてみてください。お花見ハイカーのあまりの人出に驚くかもしれませんが。

高尾山はスミレのほうも有名で、周辺山域も含めて約40種のスミレが見られるといいます。もっとも、図鑑を持って調べながらでないと、どの種類を見ているのか区別がつかないと思います。スミレは3月中旬から5月にかけて咲きますが、高尾山の固有種（高尾山でしか見られない）である珍しい**タカオスミレ**は4月中旬から咲き始めます。

城山は展望がよく茶店とベンチがあります。お昼ごはんにしてゆっくり休憩しましょう。帰りは、ルートをまちがえない自信があるなら**相模湖**に下りるか、**小仏**《こ　ぼとけ》**峠**から**小仏バス停**に下りるのが近いです。高尾山へ戻って、もう一度花を見るのも悪くありません。

高尾山の奥まで行く場合は、地図とコンパスで現在位置を確認しながら歩きます。使わないかもしれませんが、ライト類も用意しておきましょう。

《参考タイム》京王高尾線高尾山口駅→（10分）→高尾山ケーブル清滝駅→（ケーブル5分）→高尾山駅→（30分）→薬王院→（20分）→高尾山→（1時間）→城山→（1時間10分）→中央本線相模湖駅　［歩行合計 3時間10分］

高尾山

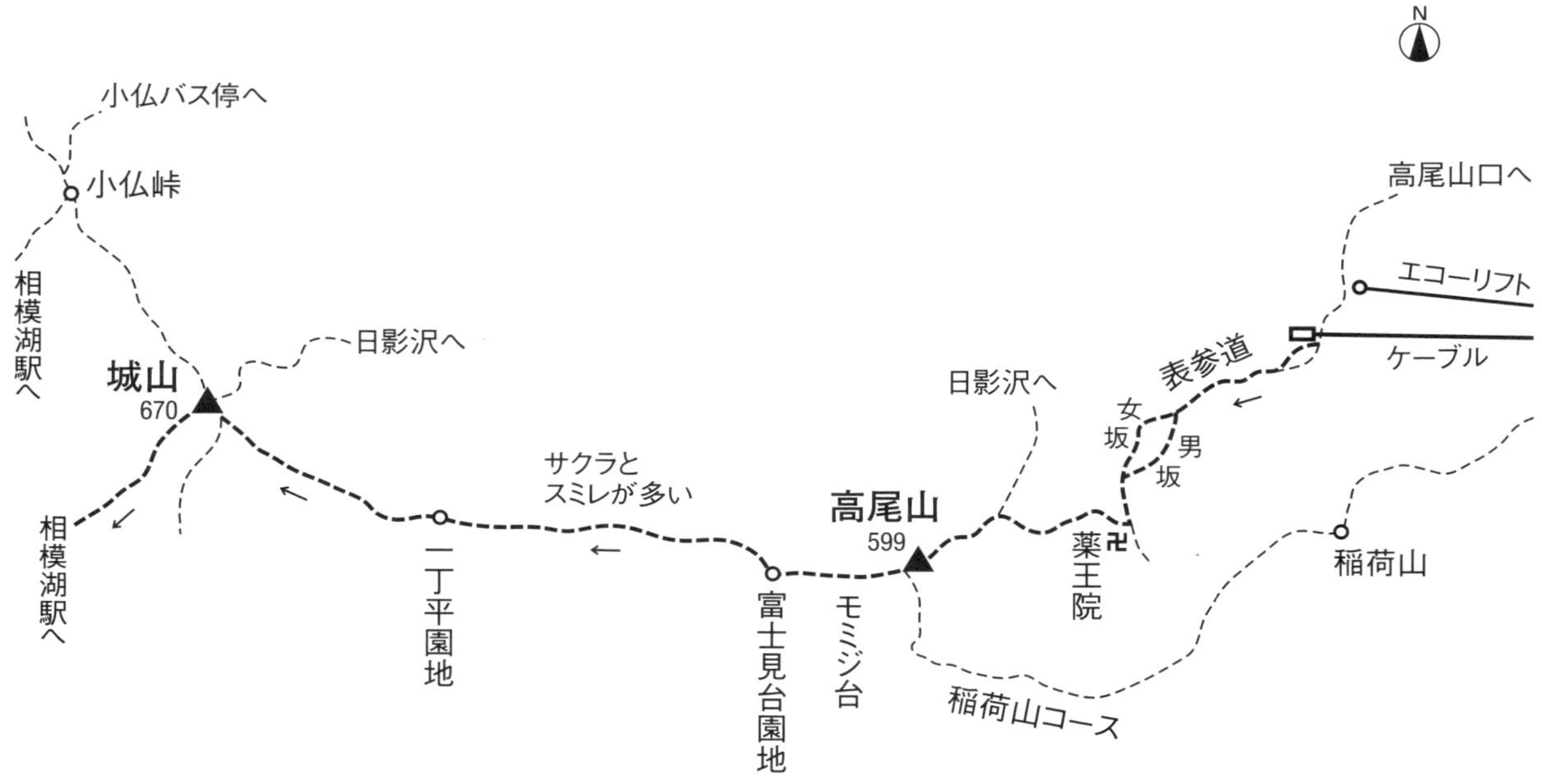
N
小仏バス停へ
小仏峠
相模湖駅へ
日影沢へ
城山
670
相模湖駅へ
一丁平園地
サクラと
スミレが多い
富士見台園地
モミジ台
高尾山
599
日影沢へ
薬王院
女坂
男坂
表参道
稲荷山コース
稲荷山
高尾山口へ
エコーリフト
ケーブル

【5月】高水三山《たかみずさんざん》（東京都、793m）
東京都の奥庭を歩く登山入門ルート

東京都の最西部、多摩川とその一大支流である秋川の上流域に広がる山々を奥多摩といいます。その大部分が**秩父多摩甲斐国立公園**に入っています。

奥多摩は、地理的には秩父山地の一部分になっていて、西にいくほど標高が高くなります。最高峰は**雲取山**《くもとり》（２０１７ｍ）で、東京都のほぼ最西端にあります。２０００ｍを超える山が東京都内にあることに、驚く人もいるでしょう。

高水三山は、奥多摩の入り口にある低山で、昔から奥多摩の入門ルートとして親しまれてきました。奥多摩らしい里山風景の中をのんびりと歩く好ルートです。

ＪＲ青梅線で**青梅駅**あたりまで来ると、車窓に見える山が近くなってきます。**軍畑駅**《いくさばた》で下車すると、さっそく地図を見ないと何も始まりません。駅を出て左に進み、踏切を渡って青梅線の北側に出ます。１５０ｍほど進むと**平溝川**に沿った車道に合流し、上流方向へ進んで平溝橋手前のＹ字路を左に入ります。しばらく行くと右手に**高源寺**が見え、高水山

岩茸石山頂上で休むハイカーたち

登山口の石碑があります。

平溝川を離れて右折し、マス釣り場の奥の堰《えん》堤《てい》を越えた先から山道に入ります。植林地の中を、ジグザグをくり返して急登していき、尾根上に出ると雑木林に変わります。

山道に入ると目印にできる構築物などが少ないので、尾根や沢との位置関係、植生の変化などに注意しながら、地図と現在地を突き合わせていきます。

山道は尾根を回り込んで南側を登っていきます。標高差で１５０ｍほど登ると尾根上に出て、右に道を分けて、尾根を北側に越えます。少し先でまた道が二分し、右は**常福院山門**へ出ます。左は直接**高水山**へ登ります。

高水山からは赤土の急坂を下り、尾根上を小さな登り下りをくり返して歩きます。**岩茸石山**《いわたけいしやま》の手前で道が二分し、左は山頂を巻いて通過するので、右へ登ります。岩茸石山は北側の展望が大きく開け、奥武蔵の山々がよく見えます。

山道の方向が変わって、南へ露岩を縫って急降下します。巻き道を合わせると緩やかなアップダウンとなり、**馬仏山**《まほとけやま》のピークは尾根上と巻き道に分かれて通過します。岩まじりの斜面を急登すると**惣岳山**《そうがくさん》に着き、**青滑神社**《あおい》の奥ノ院が建っています。この先もいくつか道が交差しますが、尾根に沿って忠実に下り、**御嶽駅**《みたけ》のすぐ近くに出ます。

岩茸石山から御嶽駅までのコースタイムは約2時間なので、**岩茸石山を遅くとも14時までに、できれば13時に出発するようにしましょう。**遅くなった場合は、岩茸石山から西の八桑バス停へ下ったほうがいいです。

また、疲労がたまってくる後半ほど、転倒事故や滑落事故が起こりやすくなります。**馬仏山～惣岳山の周辺は、とくに注意したほうがいいでしょう。**

《参考タイム》青梅線軍畑駅→(30分)→高源寺→(1時間)→高水山→(35分)→岩茸石山→(40分)→惣岳山→(1時間15分)→青梅線御嶽駅　［歩行合計　4時間］

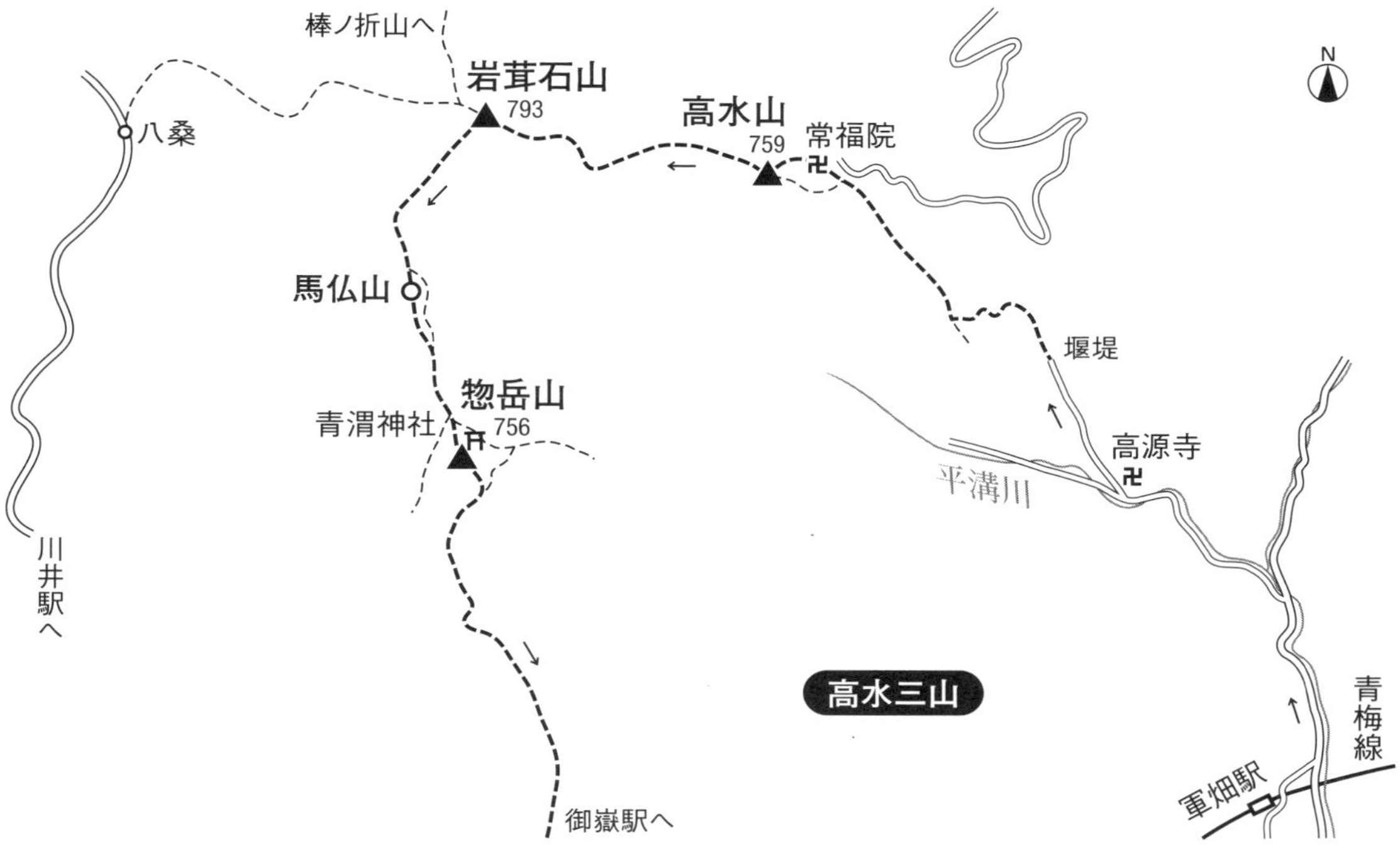
高水三山
岩茸石山
793
高水山
759
常福院
棒ノ折山へ
八桑
馬仏山
惣岳山
756
青渭神社
堰堤
高源寺
平溝川
川井駅へ
御嶽駅へ
青梅線
軍畑駅
N

【6月】木曽駒ヶ岳（長野県、2956m）

ロープウェイ利用で簡単に登れる3000級

日本国内で3000m級の山は、富士山を除けば、北アルプス（飛騨山脈）と南アルプス（赤石山脈）にしかありません。中央アルプス（木曽山脈）はそれに次ぐ2900m級で、木曽駒ヶ岳はその最高峰です。

3000m近い標高ですが、木曽駒ヶ岳は初心者でも登れる特別な山です。駒ヶ岳ロープウェイがかかっていて、標高2612mまで運んでもらえるからです。

ロープウェイ駅へ通じる県道は一般車通行止です。車で行った場合は、菅ノ台バスセンターの大駐車場に車を停め、バスに乗り換えて**ロープウェイ駅**へ向かいます。ロープウェイは混み合って待つことがあるので、なるべく早い時刻に行くようにしましょう。

ロープウェイに乗ると、眼下の**中御所谷**《なかごしょたに》や**南アルプス**の眺めがすばらしいです。約8分で**千畳敷**に到着します。**ホテル千畳敷**の建物と一体化した駅舎から外に出ると、初めて見るアルプスの景観に圧倒されるでしょう。

千畳敷カールと宝剣岳。右の低い所へ登るのがルート

スプーンでえぐったような丸みをおびた地形は、**千畳敷カール**（圏谷《けんこく》）と呼ばれる氷河地形の一つで、約2万年前に形成されたといわれています。カールの縁には荒々しい岩峰が連なり、右寄りにひときわ高い**宝剣岳**（２９３１ｍ）があります。

木曽駒ヶ岳へのルートは、宝剣岳の右手に見える低くなった場所、**乗越《のっこし》浄《じょう》土《ど》**をめざして登ります。高山ではガス（霧）で遠くが見えなかったり、晴れていても急にガスが湧き出して見えなくなることもあります。**初級ルートであっても、ひんぱんに地図を出して、現在位置と歩く方向を確認しながら行きましょう。**

右手へ進んで、カール底の**剣ヶ池**へいったん下ります。そこから北西方向へ向かうと、登るにつれて傾斜が増していきます。乗越浄土まで標高差約250mの一気登りです。傾斜が強まる手前で、一度休憩を入れたほうがいいでしょう。

ようやく乗越浄土に出ると、T字路の分岐になっていて、右は**伊那前岳**方面、左はすぐ**宝剣山荘**があります。宝剣山荘の前で右に**濃ヶ池**へのルートが分かれ、山荘の裏に出ると左に宝剣岳へのルートが分かれます。右へ進んで、**中岳**へ登る手前まで来ると、また左へ巻き道ルートが分かれます。巻き道ルートは危険なので、直進して中岳を越えます。

中岳頂上からは初めて木曽駒ヶ岳が見えます。すぐ下に建つ**駒ヶ岳頂上山荘**へ下り、ゴロゴロと岩が転がる斜面を登り返すと、**木曽駒ヶ岳頂上**に着きます。帰りは**馬ノ背**へ下って、巻き道から**頂上山荘**へ戻る周回ルートを歩いてみるといいでしょう。

このルートの一番のポイントは、乗越浄土から千畳敷への下りです。転倒・滑落しないように、ゆっくりと時間をかけて下ってください。また、ルート周辺には7月中旬ごろまで残雪がある場合があります。残雪のある場所は危険なので入らないように。

《参考タイム》千畳敷→(1時間)→宝剣山荘→(15分)→中岳→(30分)→木曽駒ヶ岳→(15分)→馬ノ背→(15分)→頂上山荘→(35分)→宝剣山荘→(50分)→千畳敷　[歩行合計 3時間40分]

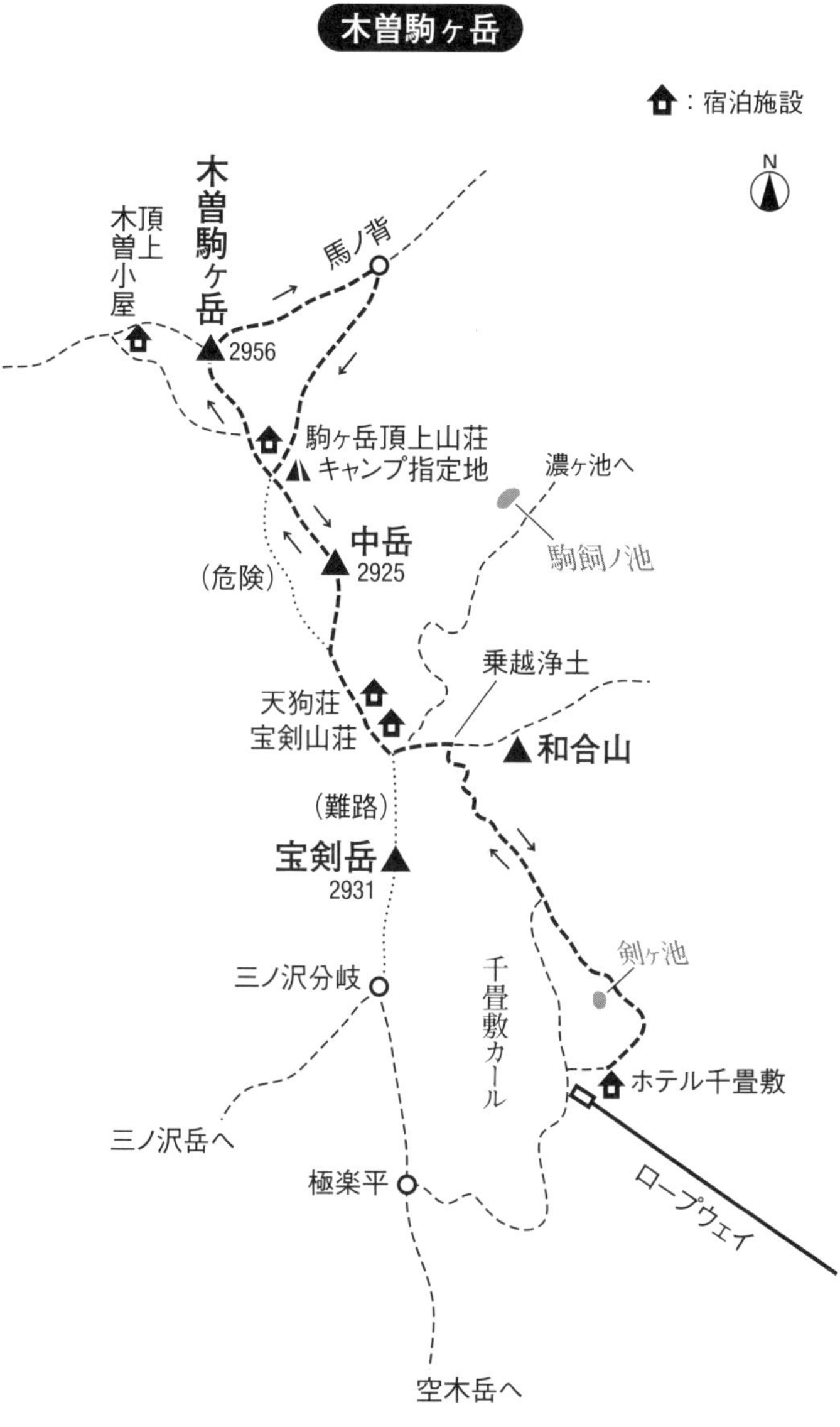

木曽駒ヶ岳
：宿泊施設
N
木曽駒ヶ岳
2956
頂上木曽小屋
馬ノ背
駒ヶ岳頂上山荘
キャンプ指定地
濃ヶ池へ
中岳
2925
駒飼ノ池
（危険）
乗越浄土
天狗荘
宝剣山荘
和合山
（難路）
宝剣岳
2931
剣ヶ池
三ノ沢分岐
千畳敷カール
ホテル千畳敷
三ノ沢岳へ
極楽平
ロープウェイ
空木岳へ

【7月】尾瀬（福島・新潟・群馬県、1400〜1600m）

高山植物が彩る夏の尾瀬を東西に横断

尾瀬は日本有数の自然景勝地で、標高1600mの**尾瀬沼**と、標高1400mの**尾瀬ヶ原**に分かれています。「沼」と「原」に面して**燧ヶ岳**《ひうちがたけ》（2356m）が、「原」に面して**至仏山**《しぶつさん》（2228m）がそびえ立ち、尾瀬の代表的な景観をつくっています。

尾瀬ヶ原は本州最大の湿原ですが、尾瀬にはそれ以外にもたくさんの湿原があります。湿原では5月中旬から10月中旬まで、100種類以上の高山植物が次々に開花して訪れたハイカーを楽しませてくれます。また、湿原を取り巻く森林も長年にわたって自然状態のまま保護されています。深く美しい森林も見ごたえがあります。

年間何十万人もの人が訪れながら、すぐれた自然景観が維持できているのは、中心エリア内に車道などを引かず、ハイカーも観光客もトレイル（山道）を歩いて楽しむという方針を徹底していることが大きいのでしょう。

福島県側の**沼山峠**と、群馬県側の**鳩待峠**が、尾瀬へ最も短時間で行ける入山口です。こ

下ノ大堀付近からニッコウキスゲと燧ヶ岳

の二つを結ぶ横断ルートは、尾瀬で最も歩かれているものだと思います。

沼山峠へ行くには、野岩《やがん》鉄道の**会津高原尾瀬口駅**から路線バスに乗ります。首都圏発の夜行直通バスもありますが、車窓の旅を楽しみながら、鉄道とバスでゆっくり向かうのもぜいたくです。

1日目は**沼山峠**から1時間あまりの行程です。**大江湿原**はニッコウキスゲの群落地として有名で、例年7月中~下旬が開花期です。山小屋に荷物を置いたら周囲を散策して、**燧ヶ岳**を背景にした**尾瀬沼**の夕景など、尾瀬の風景を楽しみましょう。

2日目は**尾瀬沼北岸の歩道**を歩き、**沼尻**から峠越えをして、美しいブナの森林を通って**下田**《しもた》

代十字路へ下ります。ここから広大な**尾瀬ヶ原**が始まります。普通に歩いて約2時間ですが、できるだけ時間をかけて花の尾瀬ヶ原を楽しむようおすすめします。

尾瀬ヶ原は標高が低いので、大江湿原より少し早くニッコウキスゲが開花します。見ごろは7月中旬ぐらいですが、年によって変動があります。**下ノ大堀付近**が名所ですから、時間が許すなら、**竜宮**《りゅうぐう》から**ヨッピ橋**〜**下ノ大堀**と寄り道するのもいいでしょう。

ニッコウキスゲの開花期は夏の盛りで、尾瀬が一番にぎわうときです。それに対し、7月上旬はまだ梅雨明け前でニッコウキスゲの開花は少ないですが、湿原植物が次々に開花して、さまざまな種類が見られます。静かな尾瀬を楽しむにはよい時期です。

山ノ鼻まで来ると尾瀬の旅も終盤です。最後に**鳩待峠**へ1時間の登りですが、きれいなブナの森を眺めながら、ゆっくり行けば苦しくはないでしょう。

尾瀬でよく起こっている遭難は「転倒」で、**木道の上で滑って転倒して手足を骨折するのが代表的なパターンです。濡れた木道や傾いた木道には気をつけてください。**

《参考タイム》第1日＝沼山峠→(1時間10分)→尾瀬沼東岸　［歩行合計　1時間10分］

第2日＝尾瀬沼東岸→(1時間)→沼尻→(1時間50分)→下田代十字路→(2時間)→山ノ鼻→(1時間)→鳩待峠　［歩行合計　5時間50分］

尾瀬

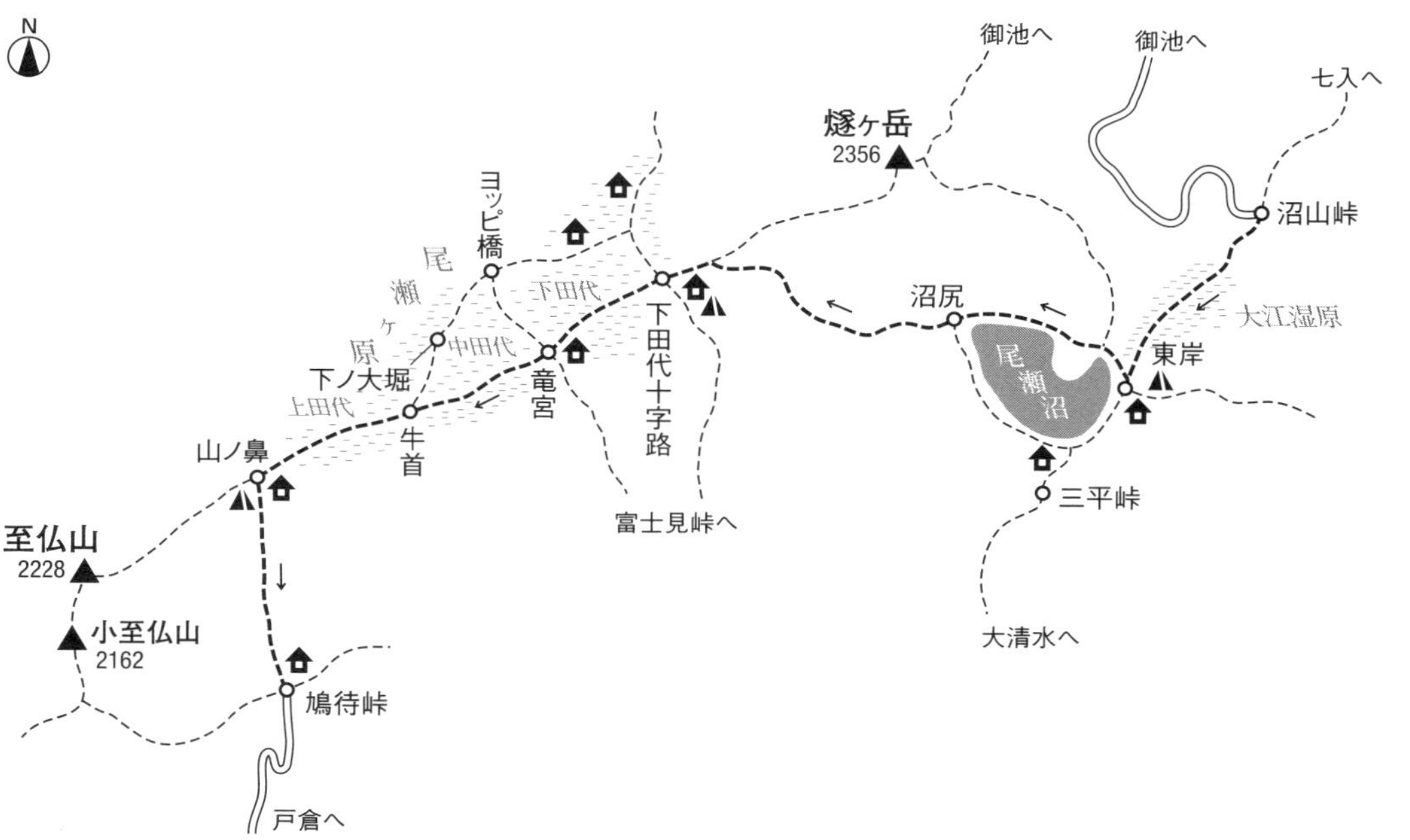
▲：キャンプ指定地
N
御池へ
御池へ
七入へ
燧ヶ岳
2356
沼山峠
ヨッピ橋
尾
瀬
ヶ
原
下田代
中田代
上田代
下ノ大堀
竜宮
牛首
下田代十字路
沼尻
尾瀬沼
東岸
大江湿原
三平峠
大清水へ
富士見峠へ
山ノ鼻
至仏山
2228
小至仏山
2162
鳩待峠
戸倉へ

【8月】富士山（静岡・山梨県、3776m）

スケールの大きな最高峰の登山に挑戦

富士山には4つの登山ルートがありますが、体力的に楽なのは標高差の少ない**吉田ルート**と**富士宮《ふじのみや》ルート**です。**須走《すばしり》ルート**は標高1970mの**五合目**からスタートしますので、標高差が350〜450m大きくなります。しかし、歩き始めが樹林帯で、標高に体を慣らしながら登ることができるため、高山病にかかりにくくなります。

須走ルートを登るのは富士登山者全体の1割ほどといわれ、例外的に静かな富士登山が楽しめるルートです。そして、全体が東向きなので、どこからでもご来光が見られます。頂上でご来光を見るために、きつい夜間登山をする必要がありません。

以上のような理由で、ここでは**須走ルート**からの富士登山を紹介しましょう。

須走ルートのコースタイムは登り約6時間、下り約3時間です。**六合目**までは樹林帯ないし灌木《かんぼく》帯の中を登り、**本六合目**から樹林がなくなります。七合目の**大陽館**は3000mよりも下にあり、宿泊代が少し高めですが、しっかりした夕食が出るようです。1日目は

奥庭付近から見上げた富士山

ここまでとして、翌日に備えてしっかり睡眠をとっておきましょう。

2日目は夜明け前の4時ごろ起床して、小屋の外でご来光を見ながら、すぐに食べられるもので朝食をすませるといいでしょう。以後も、この日は一日、休憩のつど少しずつ行動食（お菓子類やフルーツなど）を食べながら行きましょう。

ご来光を見たら登山開始です。一定のペース、遅めのペースで歩いて、30分に1回（5分）、1時間に1回（10分）というように休憩を入れていきます。

本八合目で**吉田ルート**が合流しますが、渋滞が少しは解消しているといいのですが。この上は高度の影響もあり、たいていの人が一番苦しいという区間です。これまでのペースを守ってじっくり登るしかありません。

登り着いた所は**久須志《くすし》神社**の前で、火口の反対側には最高点の**剣ヶ峰**が見えます。ひと休みしたら火口を一周するお鉢巡りをしましょう。8つのピークを全部たどる**外院コース**は約1時間30分、**白山岳**をショートカットする**内院コース**なら約1時間で歩けます。

須走ルートの下りは、登りとは別ルートになります。八合目までは**吉田ルート**と共通の下山道、**江戸屋**の手前で直進する**吉田ルート**と、右へカーブする**須走下山道**に分かれます。いったん登山道に合流し、**七合目から**は砂礫が厚く重なった砂走りを下ります。下りでは靴に小石や砂が入りやすいので、スパッツがあると便利です。

富士山のような大きい山になると、コースタイムもかなり長くなります。勢いのままに歩くやり方では長続きしません。一定のペースである程度の時間を歩き続け、短い休憩をとって水分とエネルギーを補給するという、登山のリズムが重要になります。

《参考タイム》第1日＝須走口五合目→(1時間20分)→六合目→(45分)→本六合目→(1時間)→七合目　[歩行合計 3時間5分]　第2日＝七合目→(45分)→本七合目→(25分)→八合目→(25分)→本八合目→(1時間20分)→久須志神社→[お鉢巡り1時間30分]→久須志神社→(1時間20分)→七合目→(1時間40分)→須走口五合目　[歩行合計 7時間25分]

富士山 須走ルート

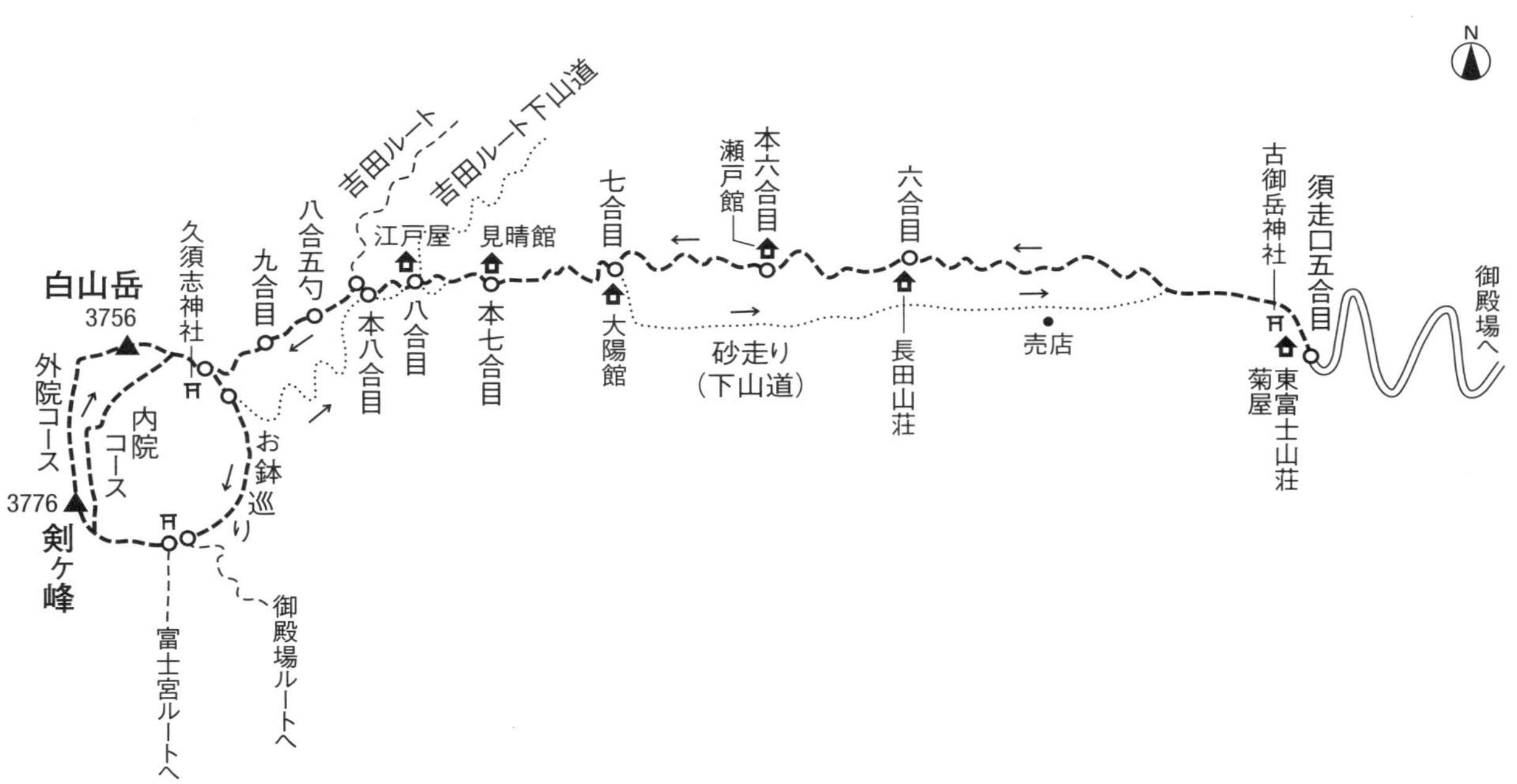
N
御殿場へ
須走口五合目
古御岳神社
東富士山荘
菊屋
売店
長田山荘
六合目
本六合目
瀬戸館
砂走り
（下山道）
七合目
大陽館
見晴館
本七合目
江戸屋
八合目
本八合目
吉田ルート
吉田ルート下山道
八合五勺
九合目
久須志神社
白山岳
3756
外院コース
内院コース
お鉢巡り
3776
剣ケ峰
富士宮ルートへ
御殿場ルートへ

【9月】立山《たてやま》（雄山《おやま》。富山県、3003m）

初心者でも体験できる北アルプス入門登山

北アルプスで最もやさしく、初心者でも登れるのが**立山**と**乗鞍岳**《のりくらだけ》です。北アルプス最南端にある**乗鞍岳**は、頂上直下を車道が通っていて、1時間弱で最高点の**剣ヶ峰**に登れてしまいます。あまりに短くて登山という感じがしません。

立山のほうも標高2450mの**室堂**《むろどう》まで立山黒部アルペンルートで行けますが、その先は稜線上の**一ノ越**《いちのこし》まで標高差300mを登り、さらに岩の稜線を**雄山**《おやま》へ登る、立派な登山ルートです。室堂周辺が紅葉になる9月下旬〜10月上旬がおすすめです。

立山黒部アルペンルートは、歩かずに北アルプスの山岳景観を楽しめる一大観光ルートです。マイカー利用でなかったら、長野県側の**扇沢**からトロリーバス、ケーブルカー、ロープウェイ、トンネルバスと乗り継いで、**室堂**まで来るといいでしょう。夕方までに着くようにして、室堂の宿泊施設に泊まります。どの宿も温泉つきです。

翌日の行程は短いので、朝食を終えてゆっくり出てもだいじょうぶです。

ミクリガ池に山体を映す立山。雄山は右端のピーク

室堂から一ノ越を経て雄山へ登る道は、古くからの立山登拝道です。一ノ越までは石畳の道が整備されていて、途中に日本最古の山小屋「**立山室堂**」、昔の行者が身を清めたという「**祓堂**《はらいどう》」があります。ここで一息入れるといいでしょう。

一ノ越に出ると**一ノ越山荘**が立ち、快適なトイレがあります。室堂から続いた石畳の道はここで終わります。ここからは大小の岩がガラガラと転がったガレ場と岩場の急斜面になって、いく筋も踏み跡が分かれています。できるだけ尾根中央のしっかりした踏み跡を選んでいきます。

急な岩場は落石の危険があります。上に注意を向けて、落石が来たら避けられるように心の準備をしておきます。とくに上に人がいるときには警戒が必要です。また、自分でも落石を起こさないように注意します。落石を見たときは、下にいる人に向かって、「ラークッ！」と大きな声で叫びます。

山頂までの登山道は、二ノ**越**、三ノ**越**、**四ノ越**、**五ノ越**（山頂）に区切られ、それぞれ小さな祠《ほこら》がまつられています。三ノ越までは危険なので立ち止まらずに登ります。四ノ越から頂上広場に出ます。一等三角点と社務所があり、その先に峰本社のある3003m地点があります。社務所の先に入るには参拝料が必要です。

下りはさらに注意が必要です。岩場に背中を向けますので、岩場の上が見えづらくなります。ときどき立ち止まって、上に人がいないか確認します。一ノ越までは十分に時間をかけて、ゆっくりと確実に下ってください。

下山後は残り半分のアルペンルートで富山県側に出ます。時間が余ったら、**弥陀《みだ》ヶ《が》原《はら》周辺のトレッキングコース**を歩いてみるのもいいでしょう。

《参考タイム》室堂ターミナル↓（50分）↓祓堂↓（20分）↓一ノ越↓（40分）↓三ノ越↓（20分）↓雄山↓（40分）↓一ノ越↓（50分）↓室堂ターミナル　［歩行合計 3時間40分］

立山（雄山）

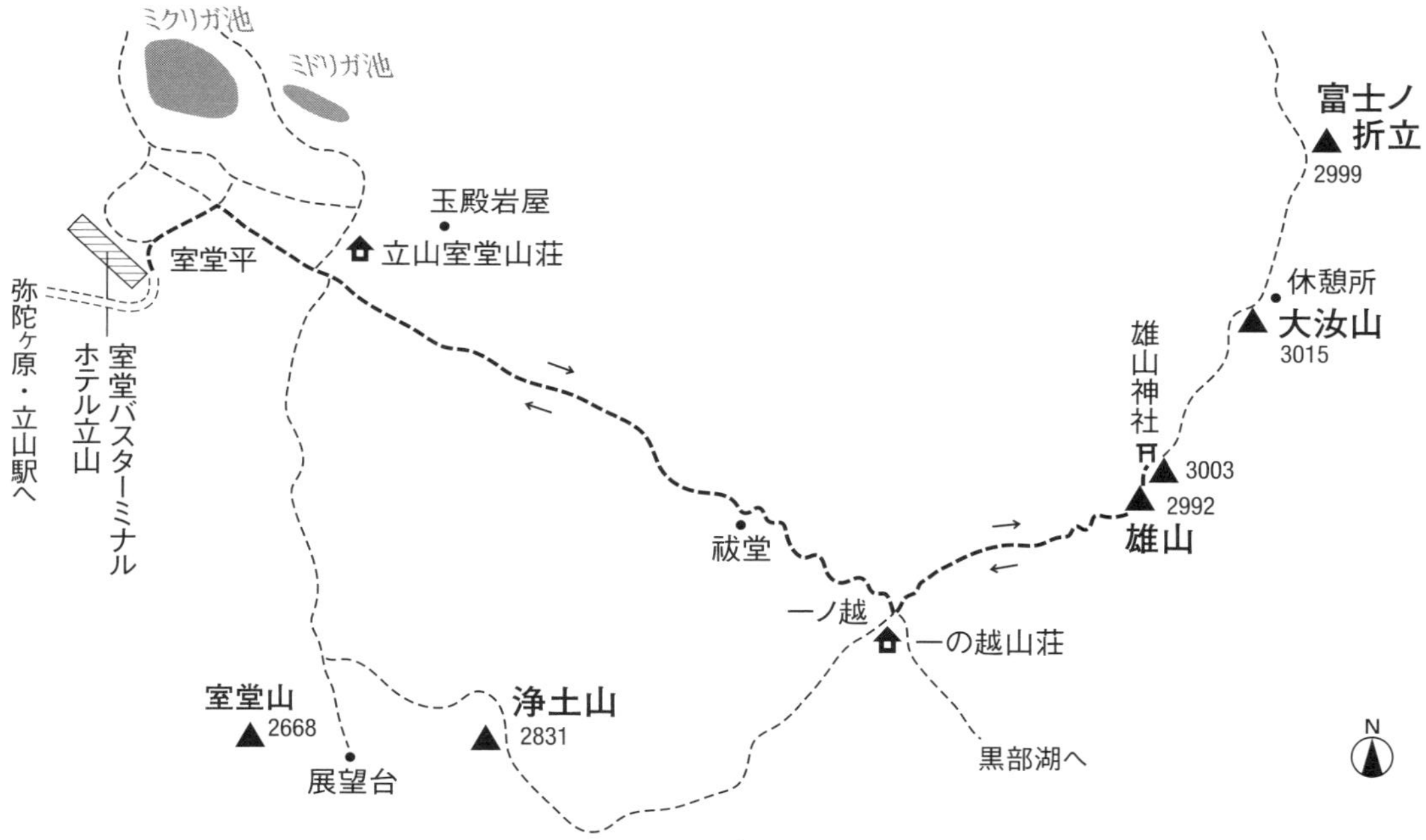

ミクリガ池
ミドリガ池
玉殿岩屋
立山室堂山荘
室堂平
弥陀ヶ原・立山駅へ
ホテル立山
室堂バスターミナル
祓堂
一ノ越
一の越山荘
黒部湖へ
室堂山
2668
展望台
浄土山
2831
雄山
2992
3003
雄山神社
大汝山
3015
休憩所
富士ノ折立
2999
N

人生を自由自在に活動《プレイ》する

青春新書 PLAYBOOKS

人生の活動源として

いま要求される新しい気運は、最も現実的な生々しい時代に吐息する大衆の活力と活動源である。

文明はすべてを合理化し、自主的精神はますます衰退に瀕し、自由は奪われようとしている今日、プレイブックスに課せられた役割と必要は広く新鮮な願いとなろう。

いわゆる知識人にもとめる書物は数多く窺うまでもない。

本刊行は、在来の観念類型を打破し、謂わば現代生活の機能に即する潤滑油として、逞しい生命を吹込もうとするものである。

われわれの現状は、埃りと騒音に紛れ、雑踏に苛まれ、あくせく追われる仕事に、日々の不安は健全な精神生活を妨げる圧迫感となり、まさに現実はストレス症状を呈している。

プレイブックスは、それらすべてのうっ積を吹きとばし、自由闊達な活動力を培養し、勇気と自信を生みだす最も楽しいシリーズたらんことを、われわれは鋭意貫かんとするものである。

―創始者のことば― 小澤和一

著者紹介

野村 仁〈のむら　ひとし〉

1954年、秋田県生まれ。中央大学卒業。

登山、クライミング、自然・アウトドアなどを専門分野とする編集者・ライター。登山技術、山岳遭難関連の執筆を長年にわたって続ける。編集事務所「編集室アルム」主宰。

山の文化を研究する日本山岳文化学会常務理事、遭難分科会、地理・地名分科会メンバー。

学生時代から社会人山岳会で登山技術を学び、以後、里山歩きからテント泊縦走まで、幅広く登山を行なっている。登山歴40年。

著書に、『登山技術全書①登山入門』、『ヤマケイ入門&ガイド：雪山登山』、『転倒・滑落しない登山技術』、『もう道に迷わない』（以上、山と溪谷社）などがある。

やってはいけない山歩《やまある》き　青春新書 PLAYBOOKS

2016年10月1日　第1刷

著者　野《の》村《むら》 仁《ひとし》

発行者　小澤源太郎

責任編集　株式会社プライム涌光

電話　編集部　03(3203)2850

発行所　東京都新宿区若松町12番1号 〒162-0056　株式会社青春出版社

電話　営業部　03(3207)1916　振替番号　00190-7-98602

印刷・大日本印刷　製本・フォーネット社

ISBN978-4-413-21069-0

青春新書 PLAYBOOKS

人生を自由自在に活動する——プレイブックス

老けない血管になる腸内フローラの育て方

池谷敏郎

腸が健康になれば、血管も若返ります！テレビで大好評、〝血管先生〟の最新刊

P-1064

見てすぐできる！「開け方・閉め方」の早引き便利帳

ホームライフ取材班［編］

こんな方法があったのか！暮らしの「困った…」が次々解決!!

P-1065

アブない心理学

神岡真司

ケタ違いに相手の心がわかる！動かせる！知らないと損をする心理テクニックの決定版

P-1066

美脚のしくみ

南　雅子

O脚、下半身太り、足首が太い、扁平足、外反母趾…脚の悩み、この一冊で全て解決します！

P-1067